# 50代で決める!
# 最強の「お金」戦略

荻原博子 Ogiwara Hiroko



NHK出版新書
660

# はじめに

## 50歳になったら、全力疾走はやめましょう

現在の50代ほど、悩みの多い世代はないでしょう。

起業するには、遅すぎる。転職するには、危険すぎる。会社に残るには、リスクが高すぎる。離婚するには、不安すぎる……。

そんなことを考えながら、毎日、鬱々《うつうつ》と過ごしている方がたくさんいるのではないでしょうか。

いまの生活を変えたい、より良くしたいという願望は強いのに、どうすればいいのかわからない。振り返れば、古い価値観のままの上司や親がいるし、前を見れば、利己主

義に徹する若い人たちが立ちふさがる。その間にあって、前にも進めず、後ろにも下がれなくなっている50代が、いかに多いことでしょう。

あきらめてはいけません！　人生１００年時代で、50代はまだ折り返し地点にすぎないのですから。

## 充実した人生に必要な50代からの「戦略」

仕事でも家庭でも、全力疾走してきた50代。

けれど、**人生の折り返し地点を過ぎたら、全力疾走はやめましょう**。20代の頃と違って、50代の肩には、子供の教育や親の介護、残りの住宅ローンやぎくしゃくした夫婦仲など、さまざまなものが重くのしかかっているからです。しかも、若い頃に比べて体力は格段に落ちています。

ですから、無理に全力疾走しようとすれば心臓がもたず、膝はガクガクして、汗も噴き出してくるでしょう。そして倒れ込み、突然死しかねないのです！

まずは、いま自分が立っている状況をしっかりチェックし、それに合わせて生活を組み直し、全力疾走しなくてもいいライフスタイルを新たに築きましょう。

若い頃のように、他人と比べたり、競ったりしない。そんなことに貴重なエネルギーを無駄にしないで、目の前の自分の人生にだけ目を向けるのです。

そのために大切なのは、まずは自分の立脚点がしっかりしていること。お金がなくても夢だけで突っ走れるのは20代まで。50代の「夢」は、「戦略」と「お金」に裏打ちされたものでないと、幻に終わりかねません。

本書は、これから50代の前に立ちはだかりそうなハードルは何かを見据えて、それに対してどんな対策を立てていけばいいのかを考え、最終的には人生の「成功」ではなく「充実」を目指しています。

そのための具体的な方策を、これから示していきましょう。

人生は一度だけ。誰にでも平等に死は訪れます。

私は、人生の勝者は、富や権力を手に入れた人ではなく、死ぬときに「いい人生だった」と満足できる人だと思っています。

自分の「満足」を手に入れるために、「充実」を積み重ねながら、マイペースで走りましょう。

本書の刊行にあたっては、NHK出版の川上純子さんの尽力があったことをここに記します。

2021年7月

荻原博子

50代で決める！最強の「お金」戦略　目次

# 第4章

第 1 章

# 50歳になったら、ボーっとしていてはいけない

## 50代の2割の世帯は貯蓄ゼロ

誰もが心配な「老後」。経済的にもっとも老後が不安なのは、すでに年金生活に入っているシニア層よりも、むしろ40代、50代ではないでしょうか。

いまの80～90代は、バブル経済期前の地価が安いときに家を買っていることが多いので資産もあり、子供の教育費も現在ほど高くありませんでした。

「年功序列」と「終身雇用」に守られて、そこそこの出世をして定年まで勤め上げた結果、まとまった貯蓄のある人も多いでしょう。さらに、バブルがはじけても10年くらいは給料が下がらなかったために、高い給料を基準として退職金を受け取り、年金も給料の額に応じて支給されています。

ですから、高齢者の約2割は、貯金だけで4000万円以上持っていて、おまけに家などの資産もあるので、内閣府が実施した「高齢者の経済生活に関する調査」（2019

年）によると、60歳以上の7割以上（74・1％）が、「心配なく暮らしている」と答えています。

## 50代世帯の平均所得金額は756万円、平均貯蓄は1075万円の真実――

50代からは、こうした状況が様変わりします。

いまの50代は、バブルがまだはじけ切らず時価が高いときに長期のローンを組んで家を買い、「高校・大学で、子供1人の教育費が1000万円かかる」というなかで子供たちの教育費を払ってきているのですから、たまりません。

50代世帯の平均所得金額は756万円。平均貯蓄額は1075万円（厚生労働省「国民生活基礎調査の概況」2019年）。この数字だけでは、なんとか大丈夫なように見えますが、金融広報中央委員会の「家計の金融行動に関する世論調査」（2019年）によると、**世帯主が50代の21・8％が貯蓄ゼロ**とあります。21・8％といえば、約5世帯に1世帯ですから、ゆゆしき状況でしょう。50代の単身世帯では37・2％にものぼっています。

ひと昔前の50代は、部長になったら定年退職するまで部長職でいられましたが、いまは「役職定年」によって55歳前後で強制的に役職がなくなることが多く、そうなると役職手当も減ってしまいます。大手企業になるほど、組織の新陳代謝やポスト不足の解消のために役職定年制度を導入するので、給料が下がる傾向にあります。

多くの銀行のように、50歳くらいで関連会社に出向するか、会社に残るとしても給料ダウンを受け入れるか、割増退職金をもらって早期退職するかを選択するケースも増えていて、つつがなく退職することも難しくなりつつあるのが現状です。

## 華やかな時代を経験しながら、将来はジリ貧に

50代世帯の家計が危機に陥っている要因は、これだけではありません。

華やかだったバブルの終わり頃に就職して、ブランド製品を買ったり海外旅行によく行ったりした世代なのでその雰囲気が抜けきらず、お金の使い方が甘くなってしまいがちです。

また、社会人はクレジットカードを使いこなすのがステータスという風潮もあったの

で、いまでもお金が足りないと比較的簡単にカードに頼る傾向があるようです。

加えて、いまの50代は、親が無理して大学まで通わせてくれたという人が多く、自分の子供も大学までは行かせたいと思っています。

実際に、50代の子供の半数以上は大学を卒業していますが、子供の教育費が老後の生活にまで食い込んできそうなケースも多く見られます。

両親の世代に比べると、世の中の歯車が逆回転しているような50代。だからこそ、そのままボーっと生きていたら、日々不安が増していくかもしれません。

では、どうすればいいのかを、次の項目から見ていきましょう。

## 50代が抱えるリスクはこんなにたくさん！

50代になり、子供が社会人になって教育費がかからなくなったら、なんとかなると思っていませんか。

**これからの時代、「なんとかなる」のは、恵まれたほんの一部だけ**と思ったほうがいいでしょう。

65歳まで働いて定年退職を迎えて、あとは退職金でつつましく暮らしていけばなんとかなるというのは、少し前までのスタイルで、いまは50歳以降にも予想しなかったようなさまざまなリスクが待ち受けているからです。

人生100年時代、50歳は人生の折り返し地点に過ぎず、その先にはこれまでたどってきた山坂同様、さらに50年近い長い道のりがあります。

その道のりを安全に過ごすには、途中にどんな落とし穴があるのかを知って、対策を立てておく必要があるでしょう。

これからの人生で待ち受けていそうなリスクは、おもに次の6つです。

- **週休3日の衝撃**
- **子供が働かない**

- **奨学金の延滞**
- **結婚生活の波乱**
- **遺産相続をめぐる争い**
- **老後の孤独**

それぞれの対策については、第2章以降で説明しますが、まずは6つのリスクがどのように50歳以降の人生に関わってくるのかを、おおまかに把握していきましょう。

## 週休3日の衝撃——収入が減る

前述したように50代では、役職定年で収入が減るケースが多くあります。また、定年間近に「片道切符」で出向となるかもしれません。

働き方については第3章で取り上げますが、いままでのように60歳まで勤めて、本人が希望すれば65歳まで会社に残ることができ、退職金を手にして年金生活に入るというモデルは、すでに崩れ始めています。

そういう状況では、**減った収入を自分で補わなければいけません**。

ひと昔前の会社の規則では、「副業禁止」が多かったのですが、これからは副業禁止という会社は、極端に減っていくことでしょう。

なかには、みずほフィナンシャルグループのように、**「週休3日・4日」制度**を導入する会社も増えてくるはずです。そうなると、自由な働き方を選択できる一方で、減った分の収入を副業で補う必要が出てくるかもしれません。

## 「豊かな人生」のモデルが崩れつつある

「週休3日」については、ユニクロを展開するファーストリテイリングやインターネットプロバイダー大手のヤフーなどすでに取り入れている企業も数多く、それほど珍しい制度ではありません。長い人生を考えたときに、働き詰めの生活ではなく、育児や子育て、趣味、仕事のスキルアップなどに時間を費やせるようにしようという働き方の一貫です。

ただ、それは**共働きが大前提**になっています。

夫婦2人で稼ぎ、2人で子育てをして家事を分担し、それぞれがスキルを磨いていけば、それなりに豊かな人生を送ることができるというものです。多様な働き方ができるライフスタイルは、共働きで生活を支えるベースがあるからこそ、受け入れられてきたのです。

ところが、豊かな人生を送るための「週休3日」というモデルが壊れたのが、みずほの「週休3日・4日制」の導入でした。

一般的に銀行員は、現在の50歳が働きはじめた当時は、妻が専業主婦というのが普通でした。銀行員の仕事は激務で、夫が家庭を省みることができないケースが多く、子育て、介護、家庭の維持は妻が担わなくてはならなかったからです。

そのため行内結婚が多く、結婚したら妻は仕事を辞めて夫を支えることが常識のようになっていました。

そのかわり、ほかの業種に比べて給料は高くて、古い世代のように年功序列のエスカレーターに乗れば、多額の退職金を手にできるはずだったのです。


ところが、いまでは状況が大きく変わっています。

現在、銀行の多くは、実質的には「50歳定年」といわれています。ひと握りの幹部候補はそれ以降も残りますが、大部分は50歳くらいで、「会社に残る」「関連会社に出向する」「早期退職する」というほぼ3つのコースのどれかを選ぶことになります。

「会社に残る」を選ぶと、それまでの年収がかなりのダウン。「出向」なら、給料が減るだけでなく片道切符の可能性が。「早期退職」についても推して知るべしで、どの道を選んだとしても50歳で大幅な収入ダウンは避けられない状況です。

こうしたなかでの「週休3日・4日制」の導入には、「新しいライフスタイル」「豊かな人生」というプラスの面よりも、人件費のコストカットというマイナスの面が色濃く出ているといわれています。

**「週休3日・4日制」を選ぶと、休んだぶん給料も減ります。ただでさえ50歳で激減する給料が、ますます減ってしまうことになるのです。**ただ、50歳前に、第二の人生を考える準備ができるという良い面もあります。

とくに50代の銀行員の妻だと、入行当時のイメージのまま、結婚したら一生安泰だったはずなのにと思っていることもよくあります。「この歳から、パートで働くのはいや！」という妻と暮らし、コストカットされながら第二の人生を模索するというのは、かなり過酷な選択になるはずです。

みずほだけでなく、これからは、ほかの銀行や業種でも「週休3日・4日制」を取り入れるところが増えていくと予想されるだけに、「豊かな人生」の真逆のことが訪れそうです。

## 子供が働かない——教育費に1000万円もかけたのに

**働かない若者が増えている**のも、将来への大きな不安要素です。

総務省による「労働力調査」（2019年発表）によると、15～39歳までの働かない若者（若年無業者）は2018年時点で約71万人いて、15～39歳人口に占める割合は2・1％となっています。

求職活動をしない理由は、「病気・けが」「勉強のため」「探したが見つからなかった」「希望する仕事がありそうにない」などさまざまですが、働かないまま家にいると子供の将来まで背負っていかなくてはならず、親の将来設計にも影響が出てきます。

こうした家庭はいまや特別ではなく、身近にあることを認識しておいたほうがいいでしょう。

実際のところ、文部科学省の「学校基本調査」（2019年）によれば、大学卒業者の

**働かない若者が増えている**

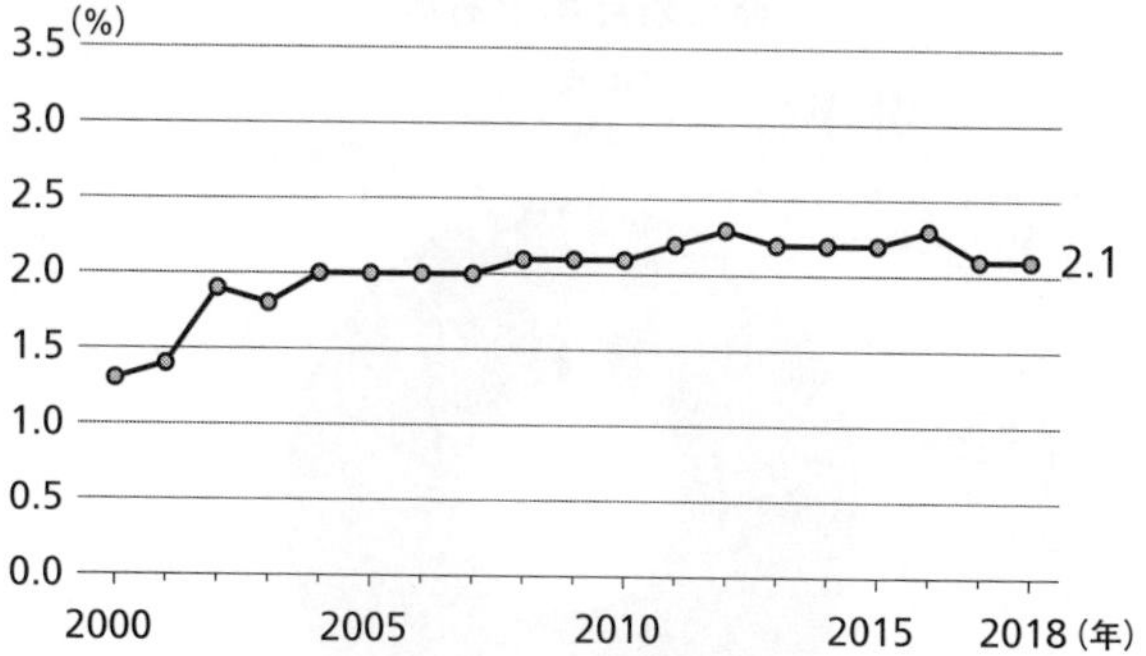


出典：総務省「労働力調査」(2018年)
15～39歳人口に占める若年無業者の割合(男女計)

10・9％が就職も進学もしていないか、就職していても正規の雇用ではありません（次ページのグラフを参照）。

大学を卒業して、正規雇用で働いている割合は約75％と高い数字を示す一方で、非正規雇用は約3％。一時的な仕事についた人は1・4％。

さらに進学も就職もしていない、いわば親のスネをかじっているかもしれない大学卒業者が7％近くいるのです。

この調査では、約10％が大学院などに進学していますが、その状況はより複雑です。

ずば抜けて優秀な将来の教授候補がいる一方で、就職先がなかったり就職するのがいやだっ

**大学卒業者の10.9%が就職も進学もしていないか非正規雇用である**

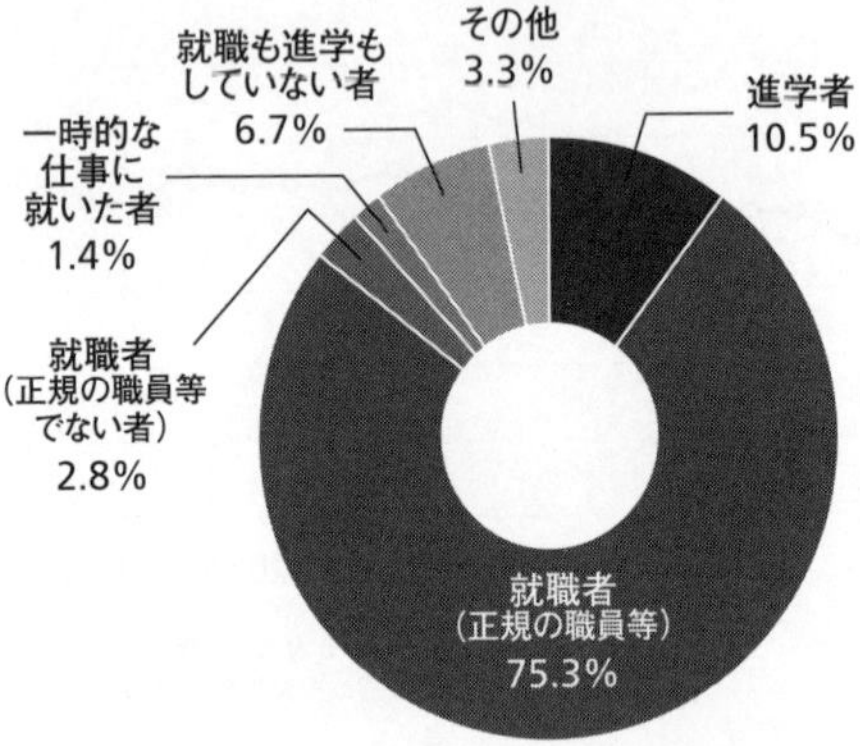


出典：文部科学省「学校基本調査」（2019年）
状況別卒業者数の比率（大学［学部］）

たりするために大学院に通うケースもあります。

大学院卒の肩書きだけで良い就職ができそうな気がしますが、現実は厳しいもの。採用する側には、「高学歴だと低い給料で雇いにくい」「デキると勘違いしていて、現場での仕事に向かない」「社会経験が少ないので対人関係が難しい」「プライドが高くて、叱ると逆ギレするかもしれない」といった不安要素があるからです。

いまは、**子供1人を大学まで卒業させるには、約1000万円かかります。**子供が2人いたら、2000万円必要ということです。

これは、日本政策金融公庫が調査して公表している数字（2020年）によるもので、高校入学から大学卒業まで、子供1人あたりの教育費（入在学費用）は、965・1万円。大学院まで行くとしたら、さらに教育費はかかります。

2001年5月7日、当時の小泉純一郎首相は、就任時の所信表明演説のなかで、「いまの痛みに耐えて、明日を良くしようという〝米百俵の精神〟こそ、改革を進めようとする今日の我々に必要ではないでしょうか」と述べました。

〝米百俵の精神〟とは、戊辰戦争後、財政が疲弊した長岡《ながおか》藩を援助するために支藩の三根山《みねやま》藩から百俵の米が送られたが、長岡藩ではそれを食べてしまうのではなく、人材育成のための学校づくりに使い、千俵、万俵の価値に値する人材を育て上げたという故事です。

つまり、教育費に使うことこそ生きたお金の使い道だということですが、当時の小泉首相は、所信表明演説の内容とは裏腹に、「特殊法人改革」の名のもとに、国立大学を大幅に減らして独立行政法人化し、政府が教育に金を出さないという路線を敷きました。

そのため、国が初等教育から高等教育にあてる公的支出の国内総生産（GDP）に占める比率は、OECD（経済協力開発機構）が2020年に発表した調査結果では、世界の38か国中37位という不名誉なものになっています。

しかも、**デフレのなかで、教育費だけは上がっています。**

子供が働かないまま家にいる状況が続いたとすれば、親が払った多額の教育費が無駄になるだけではありません。子供の面倒を、親がみていかなくてはならなくなり、それだけで親の「老後の安心」は、ますます遠のきます。

この問題についての対策は、134ページでくわしく見てみましょう。

## 奨学金の延滞――親までが自己破産

ひと昔前までは、親の収入が少ない学生は「奨学金」を借りて勉強し、社会人になってから自分で返済する流れが一般的でした。

しかし、そうした状況も徐々に変わりつつあります。**子供が借りた奨学金が、親の老後まで脅《おびや》かす**状況が出てきているからです。

現在の日本学生支援機構がまだ「日本育英会」と呼ばれていたころには、奨学金は勉学のためのお金ということで、返済についてもいまほど厳しくはありませんでした。

ところが、社会人になっても収入が少なくて返済が滞る人が増えたために、1998年から、3か月以上滞納している奨学金については、債権が日本学生支援機構から民間の債権回収会社に回されることになりました。これにより、奨学金が返せなくなると、電話や文書だけでなく債権回収会社が直接自宅を訪問し、督促を行っています。

**滞納が3か月を過ぎると、督促が激しくなるだけでなく、個人信用情報機関に滞納記録がのせられるので、実質的にはブラックリスト入りしてしまいます。**

そうなれば、消費者金融からの新たな借り入れは難しくなり、クレジットカードを作ることもできなくなります。

困るのは、それだけではありません。当然のことながら、いったんブラックリストにのってしまうと、給料が良い金融機関などへの就職は難しくなります。しかも、**延滞金には5%という高い利息がつく**ので、借金が雪だるま式に増えていきます。

経済的に困窮《こんきゅう》した場合には返済期限を猶予してもらうこともできます。けれど、適用期間は通常は通算で10年。日本学生支援機構の調査によると、2018年の時点で返済期限の猶予者は約15万人もいます。こうした猶予が切れると、奨学金で自己破産する若者が増えていくのではないかといわれています。

ただ、奨学金の返済で人生を狂わされるのは、子供だけではありません。火の粉は、親にも降りかかってきます。

## 自己破産したら、老後は家もなく無一文に

日本学生支援機構の調査によると、2012〜2016年に奨学金で自己破産した件数は8108件、そのうち連帯保証人が破産しているのは5499件、保証人が破産している件数は1731件です。

奨学金には、負債のイメージが乏しいですが、実質的に借金です。奨学金の連帯保証人には親がなるケースが多いですが、借りた本人が自己破産などで返せなくなると、債務は連帯保証人、親族や知り合いの保証人に移ります。

子供が社会人になり、これで一安心と思っていたら、ある日突然、債権回収会社から、延滞金で膨れ上がった奨学金の返済を求められるかもしれません。

この場合、債務を引き受けた連帯保証人の父母も自己破産をして免責を申し出れば、借金はなくなりますが、そのために家や土地は処分され、99万円を超える現金は没収さ

れます。20万円を超える車や宝石など価値を有する財産も没収されますから、老後に無一文で放り出されることになりかねません。

**子供の奨学金のために、老後に家まで失ってしまう**とは、思ってもみない人が多いでしょうが、それが実際に起きていることです。

そうならないための「家計」戦略については、第5章でくわしく説明しましょう。

## 結婚生活の波乱——50代での夫婦関係がカギに

50代は結婚生活に満足している夫婦が多い一方で、長年の不満を抱えているケースもよく見られます。

そのためか熟年離婚もかなり多く、厚生労働省の「人口動態総覧（対前年比較）」（2020年）によると、近年の離婚件数は21万件前後で推移しています。ただ、2020年はコロナ禍の影響か、少し減りました。

## 同居期間別にみた離婚件数の年次推移

| 同居期間 | 1985年 | 1995年 | 2005年 | 2015年 | 2016年 | 2017年 | 2018年 |
|---|---|---|---|---|---|---|---|
| 総数(組) | 166640 | 199016 | 261917 | 226215 | 216798 | 212262 | 208333 |
| 5年未満 | 56442 | 76710 | 90885 | 71719 | 68011 | 66491 | 64860 |
| 1年未満 | 12656 | 14893 | 16558 | 13863 | 13157 | 12895 | 12325 |
| 1〜2 | 12817 | 18081 | 20159 | 16272 | 15330 | 15282 | 14622 |
| 2〜3 | 11710 | 16591 | 19435 | 15349 | 14499 | 14310 | 14147 |
| 3〜4 | 10434 | 14576 | 18144 | 13807 | 13299 | 12783 | 12588 |
| 4〜5 | 8825 | 12569 | 16589 | 12428 | 11726 | 11221 | 11178 |
| 5〜10年未満 | 35338 | 41185 | 57562 | 47082 | 44391 | 42334 | 40863 |
| 10〜15年未満 | 32310 | 25308 | 35093 | 31108 | 29531 | 28223 | 27598 |
| 15〜20年未満 | 21528 | 19153 | 24885 | 23941 | 22986 | 22951 | 22460 |
| 20年以上 | 20434 | 31877 | 40395 | 38644 | 37601 | 38286 | 38539 |
| 20〜25年未満 | 12706 | 17847 | 18401 | 17051 | 16857 | 17255 | 17126 |
| 25〜30 | 4827 | 8684 | 10747 | 10011 | 9744 | 10129 | 10249 |
| 30〜35 | 1793 | 3506 | 6453 | 5315 | 5041 | 4958 | 5030 |
| 35年以上 | 1108 | 1840 | 4794 | 6267 | 5959 | 5944 | 6134 |

出典:厚生労働省「人口動態統計月報年計(概数)の概況」(2018年)
注:総数には同居期間不詳を含む

上の表は、厚生労働省の「同居期間別にみた離婚件数の年次推移」(2018年)ですが、突出しているのは同居年数5年未満です。結婚してはみたけれど、思っていた生活と違ったということでしょうか。

その一方で、20年以上連れ添っているのに離婚するケースも意外と多いのです。なかでも、**結婚して20~25年たってからの離婚が目立ちます。**

ひと昔前までは、仕事一筋で家事もできない夫が定年退職して妻にまとわりつき、「濡れ落ち葉」などとうっとうしがられて離婚するケースが目立っていました。

ところが最近は、趣味を持って身のまわりのこともできる夫も多く、パートなどで疲れて愚痴をいったり当たり散らしたりするような妻と別れ、自分の人生をやり直したいと離婚に踏み切るケースが増えているようです。

離婚にまでいたらなくても、**50代夫婦は気をつけないと意思疎通を図れず、すれちがいやすいので、危機を迎えやすい状況**にあります。

50代の夫は、会社ではかなりつらい目にあってきた世代です。

同僚がリストラされたり、自分がリストラする役割を課せられたり。あるいはノルマを達成できないことで上から無能呼ばわりされる一方で、下からは突き上げをくらったり……。しかも、それほど上がらなかった給料が50代で役職定年になって下がるだけでなく、出向などによって若い元部下のもとで働くことになる場合もあります。

その反対に、50代で専業主婦の妻のなかには、会社を辞めたのがバブル経済期の最後の華やかな頃で、それ以降はあまり世間の荒波にもまれていない人がいます。それでは、夫の苦労も実感できないでしょう。

なかには、「バブルの頃に3高（高学歴・高収入・高身長）の男性と結婚して、年に一度はハワイに行くはずだったのに！」と、不満を抱いていることすらあります。

生活感覚が違っていても、子育てが大変なうちはお互いに目をつぶって生活できますが、子供が社会人になって家を出ていくと、2人で向かい合わざるをえなくなる。そうなると、生活感覚の違いがあからさまになって喧嘩《けんか》の火種になるということが往々にして起きます。

ただ、実際離婚すると、家計にとっては大きなダメージになります。

## 2人ならやっていけても、別れると共倒れに

離婚というのは、売り言葉に買い言葉の勢いもあり、双方ともに冷静な判断ができなくなりがちですが、そういうときこそ思い出してほしいのは、**たいていの熟年夫婦は、**

**離婚したら共倒れになる**ということ。

もちろん、暴力など、とても耐えられないというような場合には早く離婚したほうがいいケースもあります。ただ、「性格の不一致」くらいなら、なんとか2人で乗り越えたほうがいいでしょう。経済的によほどの蓄えがなければ、熟年離婚の場合、共倒れになる可能性があるからです。

芸能人が浮気して離婚することになって、何億円もの慰謝料を払うのを耳にしたことがあるでしょう。けれど、一般人なら、慰謝料の相場は100万～300万円といったところ。それも、決定的な理由があった場合です。しかも、家庭裁判所の調停で300万円となっても、払わない人も多くいます。

さらに大変なのは、離婚後の生活です。

熟年夫婦の場合、「合意分割制度」「3号分割制度」を使って、双方の合意または裁判手続きを経れば、夫の年金を妻にも分けることができます。**いわゆる「離婚分割」**で、

**離婚した日の翌日から2年以内なら、相手に請求することができます。**

この分割の対象となるのは、会社員や公務員の基礎年金に上乗せされている、厚生年金部分です（2015年9月30日までの公務員の対象者は、共済年金部分）。基礎年金や企業年金などは、分割の対象とはなりません。

たとえば、夫の厚生年金が10万円、基礎年金が5万円で合計15万円だったとします。一方で、妻の基礎年金は5万円とします。この場合、2人合わせると、20万円の年金となります。

このなかで、夫の厚生年金の半分の5万円を妻がもらったとすると、それぞれ離婚後の年金は、10万円ずつということになります。

けれど、それで本当に、生活が成り立つのでしょうか。

2人で20万円だったらやっていけるかもしれませんが、1人10万円の年金しかもらえなければ、アパートを借りて生活するのは至難の業でしょう。

そうしたことを考えると、夫婦仲の改善は、老後の生活の安定には大切なことではないでしょうか。

## 遺産相続をめぐる争い――もめないことを心がけたい

不安になることが多い50代からの生活ですが、思わぬお金を手にすることもあります。それは、親の「遺産」です。

50代の親の多くは、80～90代。元気で矍鑠《かくしゃく》としている方も、他界する方もいます。じつは、この年代は「死ぬときが一番お金持ち」といわれるように、かなり財産を持っているケースが多いのです。

たしかにこの年代は、太平洋戦争をまたいで、さまざまな苦労をしてきました。ただ冒頭で述べたように、苦労はしたけれど、それ以上に報われてもいます。

右肩上がりの時代を過ごした高齢者は、約2割が貯蓄だけでも4000万円以上持っていて、9割以上が持ち家です。

しかも、高齢の方ほど戦後の困窮した時代を生きてきたので、お金を無駄にしない節約の精神が徹底していて、年金のなかからやりくりして、貯蓄をしている人もいます。

ですから、子や孫のためにかなりの財産を残す場合が少なからずあるのです。

## 相続争いの3割は1000万円以下の案件

両親が財産を残してくれるのはありがたいことですが、往々にしてその後に起きるのが「相続争い」。「そんなの、お金のある家のこと」と思っている方も多いと思います。みなさんだけでなくご両親も、「我が家にはそれほど財産がないから、相続争いなんて起きないだろう」と他人事《ひとごと》としてとらえているのではないでしょうか。

ところが、「司法統計年報」(2019年)によれば、遺産相続でもめて家庭裁判所に持ち込まれ、認容・調停成立した案件の3割以上が、遺産総額が1000万円以下でした。

**1000万円以下の相続税もかからないような金額で、裁判所まで話を持ち込むような争いをしているる**ということです。さらにいえば、全体の8割近くが、5000万円以下の財産でもめています。

なぜ、こんなにもめるのかといえば、両親が残す財産には分けることができない土地や家屋などが多いからです。

ずっと両親と住んで面倒をみてきた兄や姉は、自分が相続して当然だと思っているし、かたや遠距離でときどき仕送りしてきた弟や妹は、親が残したものだから平等に分けるべきと、自分の持ち分を主張する……。

こうなると、なかなか折り合いがつかず、骨肉の争いになりがちで、最後には裁判での決着を望むのでしょう。

どんなに仲の良い兄弟や姉妹でも、裁判沙汰《ざた》にまでなると、その後は顔も合わせない犬猿の仲になってしまいます。そうなれば、老後の助け合いなどは、夢のまた夢です。

そうならないために、両親が生きているあいだにみんなで話し合って、ある程度の対策を立てておくか、両親に遺言書を残してもらうこと。そういった気配りをしないと、とんでもないトラブルに巻き込まれるおそれがあります。

## 老後の孤独――考えるべき3つのこと

人間は、死ぬときは1人です。どんなに仲の良い夫婦であっても、必ずどちらか1人が残される生活が待っています。

そこで、多くの人が感じるのが「孤独」です。

配偶者がいて、子供がいて、自分もバリバリ働けて、友達もたくさんいて、孤独など感じる暇はなかった人でも、子供が親離れして独立し、夫や妻が逝って、友人も高齢化して次々と他界していくということが老後には起きます。

1980年には、65歳以上の高齢者の子供との同居率は約7割でしたが、2015年には約4割近くに減りました。国立社会保障・人口問題研究所の推測によれば、2021年現在46歳の人たちが65歳を迎える2040年には、65歳以上の1人暮らしが占める割合は22・9%、つまり、**約4人に1人の高齢者は1人暮らしになる**といわれています。

そうなったときのために考えておかなくてはならないことは、3つあります。

（1）老後資金は足りるのか
（2）電話やネットでコミュニケーションをとれる人はいるか
（3）人生の最後をどこで過ごすか

（1）の老後資金については、第2章でくわしく述べますが、意外と大切なのが、（2）のさびしくない老後を過ごすために電話やネットでコミュニケーションをとれる人がいるか、そして（3）の、最後にどのような介護を受けられるかです。

「電話やネットでコミュニケーションをとれる人」というのは、これからの時代、「知人や友人」とは限りません。

あるソーシャルネットワークが、フィリピンの若者とアメリカの田舎の高齢者施設の加入者をつないだことがあります。フィリピンでは、英語ができないと良い職に就けないので若者は英語を勉強しようとしますが、貧しいと高い学費を払うことができません。一方、アメリカの施設には、若者と話がしたいけれど環境が整わないという高齢者がたくさんいます。

そこで、この両者をインターネットで結びつけたところ、若者は英会話の勉強ができ、老人には話し相手ができるというウイン・ウインの関係となったのです。このように、誰かに必要とされれば「老後の孤独」は癒やされることも多いはずです。

（3）の、人生の最後をどこで過ごすかについては、50代の人たちは、その両親に比べると恵まれている点もあるかと思います。

もし施設で過ごすことを選ぶなら、30年後くらいには団塊の世代の多くが他界しており、入居できる施設の数がかなり増えると予想されるからです。

しかも、余るのは、施設だけではありません。

いまは、新型コロナウイルスの影響で医師、看護師不足の状況ですが、こうした突発的なことがなければ、医師も看護師も、10年後には余ることが予想されるからです。

看護系大学は、1991年には11校で入学定員も558人でしたが、2019年には272校になり、2万4525人が入学しています。学校数で約25倍、学生数で約44倍に増えています。

医師も同様で、医学部などが急激に増えているので、いまの50代が介護を受けるときには、医師の数は十分のはずです。

また介護の現場は、これからは職場としても有望です。これについては197ページを参考にしてください。

すでに「IoT」と「5G」の時代が始まっています。「IoT（Internet of Things：

モノのインターネット）」とは、さまざまな「モノ」をインターネットにつなげ、より便利に活用するしくみです。そのしくみを支えるインターネットは「５Ｇ」の時代になり、さらに多くの情報を伝えられるようになっています。

カーテンの開け閉めからコーヒーをいれることまで、スマホだけで遠隔操作できるだけでなく、センサーが健康状態を随時チェックして病院に連絡するなど、さまざまな技術の開発によって、在宅しながら晩年を過ごしやすくなっていくことでしょう。

この章では、50代が抱えるおもなリスクを取り上げました。不安になった方も多いかもしれません。

でも大丈夫！　次章からは具体的な対策と身につけるべき考え方について見ていきましょう。

## 第 2 章

# 50歳からの最強の「資産」戦略

## 定年までに「無借金」が勝ち組の最低条件

雑誌などを見ると、〝60歳までに2000万円貯める〟などという記事の見出しが躍っていて、絶望に近い気持ちにならないでしょうか。

もちろん、60歳までに2000万円貯めるのは、不可能なことではありません。50歳の時点で、貯蓄はなくても、借金もなければいいのです。

50歳の時点で貯蓄がゼロでも、住宅ローンを繰り上げ返済などで払い終えていれば、60歳までの10年は、住宅ローンで支払っていた年間150万円程度を貯蓄に回せます。また50歳になると、子供が社会人になって教育費がかからなくなっている家庭も多いので、その分も貯蓄に回せます。それが年間50万円なら合わせて200万円となり、50～60歳の10年間で2000万円貯められます。

さらに、夫の収入で生活して妻はパートで働き、年間100万円のパート代を貯蓄に回せば、これで合計3000万円の貯蓄ができます。

ただ、これは「取らぬ狸《たぬき》の皮算用」で、実際には、こんなにうまくいくのはごくわずか。なぜなら、まだまだ借金が多い家庭がほとんどだからです。

## 住宅ローンを減らせば、「投資額」の1・5倍の効果?!

第2章は「資産」戦略とあるので、投資で資産を増やす方法の紹介と思った方もいるでしょう。けれど、いまもっとも有効な「投資」は、株でも投資信託でも外貨預金でもありません。

それは、**「借金を返す」という、簡単そうに見えてもっとも難しいこと**です。

たとえば、手元に100万円あったとします。

この100万円で株を買えば、株が値上がりして120万円になるかもしれません。ただし、株への投資にはリスクもあるので、100万円で買った株が80万円に値下がりするかもしれません。

それを承知の上で行うのが、株への投資です。

では、この100万円で、いま借りている住宅ローンの繰り上げ返済をしたらどうでしょうか。

たとえば、35歳で3000万円を、金利2％、35年ローンで借りたとします。この場合、35年間に支払う利息は約1000万円になります。

もし同じ人が、50歳で手元にある100万円を、住宅ローンの繰り上げ返済に回したとしたらどうでしょう。住宅ローンの繰り上げ返済は、「返済期間を短くする方法」と「返済額を下げる方法」の2つがあります。

「返済期間を短くする方法」では、100万円を繰り上げ返済したことで、支払わなくてはならない利息が約47万円減ります。期間で見ると、70歳ではなく68歳8か月でローンは終了するのです。

つまり、**100万円を繰り上げ返済したことで約47万円もうかった**わけです。それも、確実に支払い額が減り、リスクもないのですから、最良の「投資」といえるでしょう。

### 高金利の「借金」は早く返済を！

金利がわずか2％の住宅ローンでさえ、これほどの「繰り上げ返済効果」があるのですから、10％、15％といった高金利のカードローンやキャッシングなどは、さっさと返してしまったほうがいいのは当然です。

クレジットでの買い物も、1回払いなら利息はつきませんが、分割払いやリボ払いには高い利息がつきます。

デフレはまだまだ続き、金利は上がりません。だとしたら、**金利が上がらないうちに、高い金利の借金を返済することに全力をあげましょう。**

## 「マイナス金利」でも、いまある貯蓄を高利回り運用

銀行に退職金などまとまったお金を預けようとすると、「いま預金されても、金利は

0・001％。だとしたら、投資信託などで資産運用したほうがいいですよ」と、勧められることが多いものです。

でも本当に、投資したほうがいいのでしょうか。

まとまったお金があったら、投資よりも、「まとめ払い」に回したほうが、利回りが高いかもしれません。

たとえば、通勤通学の定期券や回数券。まとまったお金がないからと1か月定期を買っている人も多いと思います。それはやめて、貯蓄を取り崩して6か月定期を買い、いままで支払っていた1か月の定期代は、実際に定期券を買ったつもりで積み立ててみましょう。

たとえば、東京の国立《くにたち》駅から大手町駅に通勤する場合、1か月定期だと1万7180円ですが6か月定期なら8万7250円（JR・東京メトロ東西線経由。2021年7月現在）で、1か月あたり約1万4540円。1か月あたりの差額は2640円ですから、6か月で1万6000円近くもおトクです。貯蓄を取り崩しても6か月定期を買って、1万

７１８０円の１か月定期を買ったつもりで差額を貯蓄していけば、半年後には約１万６０００円貯まっていることになります。**利回りにすると約18％**ですから、すごい高利回りです！

## 保険も「まとめ払い」で割引に

生命保険も、毎月支払っている人が多いと思いますが、保険料をまとめて払う方法があります。毎月支払うのは「月払い」、半年分をまとめて払うのが「半年払い」、１年分をまとめて支払うのは「年払い」、すべての期間の保険料を支払うのは「全期前納」か「一時払い」といいます。

まとめ払いとして効率がいいのが、「月払い」から「年払い」にする方法。

この場合、保険会社や商品によっても違いますが、**「月払い」よりも「年払い」にしたほうが1～3％前後、保険料が安くなります**。

火災保険も、１年ごとに「年払い」で保険料を払うより「10年払い」のほうがおトク。「10年払い」の場合、保険料が18％程度割引になります。ただし、10年契約は長いので、5年に短縮するという検討も始まっています。

地震保険も、5年分をまとめ払いすると、4・65年分の保険料ですみます。

自動車保険なども、会社や商品によっては、まとめ払いで安くなるものもあります。

## 「まとめ払い」をまとめよう

自営業者の場合は国民年金を納めますが、**国民年金も一括払い（現金払い前納）で安くなります**。

たとえば、1か月の保険料は1万6610円、半年で9万9660円ですが（2021年度）、半年まとめて払うと9万8850円で810円の割引となります。1年分まとめて払うと19万9320円が19万5780円となって、3540円の割引。2年分の前納なら、なんと1万4590円もおトクです。

NHKの受信料も、まとめ払いで安くなります。たとえば、地上契約で口座振替・クレジットカード継続払いの場合、月払いよりも1年分の前払いのほうが年間で1050

円安くなります（2021年7月現在。沖縄県は料金が異なる）。

必ず支払わなくてはならないものは、**銀行にまとめ払い専用口座を作り、そこから料金が引き落とされるようにする**といいでしょう。

最初の引き落としでは、まとまったお金が必要になるので貯蓄を取り崩さなくてはならないかもしれませんが、引き落とされる予定の交通費や生命保険料などを毎月入れておけば、1年後には口座に貯まったお金のなかから、その年のまとめ払いができるようになるはず。その後は、毎月の支払いとまとめ払いの差額が口座に残り、それが年間1万円や2万円にもなれば、立派な高利回りの貯蓄です。

## お金を貯めるには「順番」がある

「お金を増やす」相談をすると、すぐに株や投資信託などの「投資商品」を勧められますが、**「お金を増やす」王道は、なんといっても積立預金**です。

積立が、一番リスクが少なく、「上手に」お金が増える近道なのです。

そして会社員なら、積立預金をするときに検討しなくてはならない順番があります。

その順番は、**「社内預金」→「財形貯蓄」→「銀行の給与振込口座での自動積立」**。


なぜ、「社内預金」を真っ先に活用しなくてはいけないかといえば、**社内預金がもっとも利率が高い**からです。

社内預金の金利は、労働基準法第18条第4項の規定に基づく省令で、現状では最低でも0・5%以上と決まっています。銀行に預けても、金利は0・001%ですから、**銀行の500倍もの金利がつく**ことになります。

ただし、社内預金がない会社や、あってもすでに上限額まで預けている人もいることでしょう。そういうときは、会社に「財形貯蓄」がないか見てみましょう。

## 「社内預金」も「財形貯蓄」もなければ、「給与振込口座で積立」を

「財形貯蓄」には、一般財形、住宅財形、年金財形の3種類があり、住宅財形、年金財形には非課税枠があります。ただ、いまはあまりに金利が低いために、どれで貯めても同じなので、使い勝手のいい一般財形から検討するといいでしょう。

社内預金も財形貯蓄も、手続きさえしておけば、給与から自動的に天引きされるので、最初からないものと思えば、気がついたときにはかなりの額になっているはずです。

では、会社に、社内預金も財形貯蓄もなければ、どうすればいいのでしょうか。

その場合は、会社の給料の入金口座から、給料が振り込まれる日の翌日か翌々日に、自動的にお金が積立預金に移される仕組みをつくっておきましょう。

お金は、なるべく使わないようにしておこうと思っても、口座にあれば使ってしまうため結果的に残りません。残るのは、「貯めなければ」というストレスばかりです。

ですから、最初に一定額を積み立てて、残りはすべて生活費として使えるというよう

にしておけば、ストレスを感じることも少ないでしょう。

自営業者だと、お金がたくさん入ると生活が派手になり、少ないと地味になる傾向がありますが、それではなかなかお金は貯まりません。

自営業者は会社員と違って、取引で使う銀行などの振込口座を自分で指定できます。まず、**取引用の振込口座と生活用の口座を分けましょう**。そして、生活口座には、取引用の口座に入る金額の7割程度を目安に毎月一定額を生活費として入れ、会社員と同じように給料感覚で生活するといいでしょう。

取引用の口座には、60万円振り込まれるときもあれば40万円のときもあります。たとえば、毎月25日に生活用の口座にそこから必ず30万円ずつ振り替える設定にして、その範囲内で生活していけば、あとは自然に貯まっていくでしょう。

## 金利の高い銀行で、お金を貯めようとしてはいけない！

お金を貯めようとするときに、**「金利の高い銀行で貯めよう」などと思ってはいけま**

**せん**。これは、陥《おちい》りがちな落とし穴なので要注意！

どうせ預けるなら、少しでも金利が高い銀行に預けたいと思うのは人情です。けれど、そのために給与口座に振り込まれたお金を、わざわざ違う銀行に移して毎月積み立てても、途中で1回でも忘れたら、そこで積立が途絶えてしまいます。

しかも、いまの低金利では、金利が高いといってもせいぜい0・001％が0・002％になるくらい。数万円では、1円の利息にもなりません。だとしたら、なるべく面倒なく、忘れていても自動的に積み立てられていく方法を使うのがベストです。

## バブル経済期の「保険」は、最高の「投資商品」?!

「投資商品」といえば、株や投資信託のイメージが強いかもしれませんが、じつは、1989年前後のバブル経済期の金融商品は、定期預金や保険も高利回りで運用される最強の「投資商品」でした。

残念ながら、定期預金については期間10年が最長だったので、すでに満期を迎えていますが、保険についてはいまだに高利回りのまま運用されているものがあります。

たとえば、バブル期に加入した「終身保険」を見ると、きっと驚くでしょう。

次の表は、1988年加入の終身保険の例で、死亡したらいつでも1000万円が支払われるタイプです。

この終身保険は、保険料の払い込みが月約1万円で30年間。30年払えば、あとは保険料をまったく払わなくても、生涯1000万円の死亡保険金がおります。

驚くのはこれからです。月約1万円なので、30年の合計で約360万円払ったことになりますが、保険料の払い込みが終わった時点で解約すると、なんと支払額より多い394万円が戻ってくるのです。

もっと驚くのは、ここで保険を解約せずに、保険料を払わないままずっと置いておくと、解約で戻るお金（解約返戻金《へんれい》）が雪だるま式に増えていくのです。

## 終身保険の例
（1988年34歳で加入。生涯1,000万円の死亡保険金支払い）

今後の解約返戻金の推移

| 契約日からの経過年数 | 保険年齢 | 解約返戻金 |
|---|---|---|
| 30年（2018年） | 64歳 | 394.00 万円 |
| 31年（2019年） | 65歳 | 408.70 万円 |
| 32年（2020年） | 66歳 | 423.70 万円 |
| 33年（2021年） | 67歳 | 439.10 万円 |
| 34年（2022年） | 68歳 | 454.90 万円 |
| 35年（2023年） | 69歳 | 471.00 万円 |
| 36年（2024年） | 70歳 | 487.50 万円 |
| 37年（2025年） | 71歳 | 504.20 万円 |
| 38年（2026年） | 72歳 | 521.20 万円 |
| 39年（2027年） | 73歳 | 538.40 万円 |
| 40年（2028年） | 74歳 | 555.70 万円 |
| 41年（2029年） | 75歳 | 573.30 万円 |
| 42年（2030年） | 76歳 | 590.90 万円 |
| 43年（2031年） | 77歳 | 608.60 万円 |
| 44年（2032年） | 78歳 | 626.30 万円 |
| 45年（2033年） | 79歳 | 643.90 万円 |
| 50年（2038年） | 84歳 | 729.60 万円 |
| 55年（2043年） | 89歳 | 806.50 万円 |
| 60年（2048年） | 94歳 | 869.50 万円 |
| 61年（2049年） | 95歳 | 880.20 万円 |

64歳から10年置いておけば、394万円が555万7000円になり、20年置いておけば、729万6000円に増えています。

しかも、「終身保険」ですから、解約返戻金がどんどん増えるだけでなく、解約しないかぎりは、いつ死んでも1000万円の死亡保険金が出るのです。

なぜ、こんなすごいことになっているのかといえば、バブル経済期の運用利回り（予定利率）が高いときに保険に加入しているからです。

保険会社は、保険料の一部を債券や株式、不動産などに投資して運用しています。「予定利率」とは、その運用で見込める利回りのことで、契約者に対して保険会社が約束する利率です。一般的に予定利率が高いほど保険料は安くなり、低いほど保険料は高くなります。

次ページのグラフは標準利率の推移ですが、生命保険会社は金融庁が定める「標準利率」を指標にして予定利率を決定します。標準利率が下がると、保険会社は顧客の保険料を将来の支払いに備えて積み立てる「責任準備金」をより多く積み立てる必要があ

## 標準利率の推移

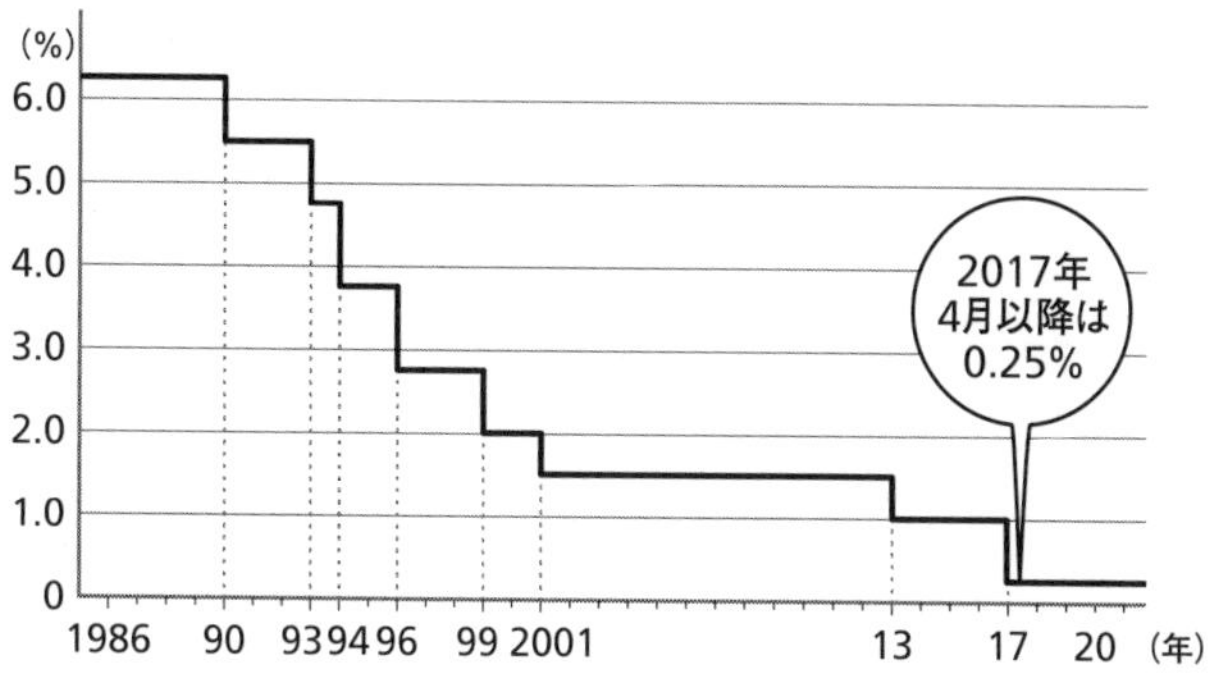


金融庁による指標をもとに作成

り、結果として予定利率も下がって、保険料も値上げされる可能性が高くなります。

予定利率は加入した時期によって変わり、また加入時の利率が最後まで適用されるので、バブル時代に加入した保険はいまでも高利回りで運用されています。

ちなみに、**いま加入しても0・3%以下なので、貯蓄性の保険に入ってもほとんど「うまみ」はありません。**

2020年1月以降、一時払い終身保険の標準利率は、現行の0・25%から0%になっています。

運用利回りが高い時期に入った保険は、何もしなくても大きく増える「お宝保険」なので、解約せずに大切にとっておきましょう！

## 「ｉＤｅＣｏ」をやっていい人、ダメな人

「ｉＤｅＣｏ（イデコ）」が、ポピュラーになりつつあります。

それは、金融庁が旗振り役として大きく宣伝しているので、「国が勧めるなら安心だろう」と思い込んでいる人がたくさんいるからです。

けれど、そう思ったら大間違い。「ｉＤｅＣｏ」には、メリットばかりでなくデメリットも多くあります。「メリット」については、金融庁や金融機関のホームページなどにたくさん書かれているので、ここではおもに「デメリット」を中心に見てみましょう。

「ｉＤｅＣｏ（個人型確定拠出年金）」とは、個人の投資商品の積立制度で、簡単にいえば個人が加入する年金です。企業による「４０１ｋ（企業型確定拠出年金）」を個人にまで広

げたもので、毎月一定額の投資信託などを買って老後に向けて運用していくというものです。

「iDeCo」は、掛け金が全額所得控除され、利益が出ても非課税で、給付を受け取るときにも控除の対象になります。国が後押ししているだけに、税金面でのメリットが多くあります。

購入した投資信託がどんどん値上がりしているときなら、こうしたメリットも活かされますが、投資は良いときばかりではありません。

### 60歳まで引き出せず、維持管理費もかなり高い

「iDeCo」の最大のデメリットは、原則として60歳まで引き出すことができないということでしょう。

定期預金なら、家計が苦しくなれば、解約して現金を引き出して使うことができますが、「iDeCo」の場合には、基本的には60歳になるまで引き出せません。

いまの時代、「お金を引き出せない」というのは、大きなリスクです。

「ｉＤｅＣｏ」の対象には自営業者が多いですが、自営業者ほど不況になったときに使える手元資金を確保しておく必要があるからです。また会社員でも、必ずしも60歳まで会社に勤められるとは限りません。50歳で早期退職し、事業を立ち上げようと思っても、「ｉＤｅＣｏ」から引き出して資金として使うことができないのです。

次に心得ておかなくてはいけないのは、**手数料や維持費が意外に高い**こと。

「ｉＤｅＣｏ」は、最初に加入したり移換したりするときに、２８２９円（1社だけ３９２９円）の手数料がかかります。さらに、運用中に年間２０００～８０００円弱の口座管理手数料がかかります。投資信託で運用するなら、事務委託先の信託銀行に別途に信託報酬という管理手数料も支払わなくてはなりません。

つまり、「ｉＤｅＣｏ」をやるなら、これだけの手数料を払ってでももうかる金融商品に投資しなくてはいけないということです。

「ｉＤｅＣｏ」にも、リスクを避けたい人のために元本《がんぽん》保証の定期預金などもありますが、年間これだけの手数料を払って定期預金で積み立てたら、マイナスになる可能性が高いです。

### 「節税」が売りなのに課税されるケースも

**毎月の投資額の上限が決められている**ことも、「iDeCo」のデメリットです。自営業者など（第1号被保険者）は月額6・8万円までといったように、公的年金などの状況により1か月あたりの拠出限度額が異なりますので確認が必要です。また、金融機関の選択からどんな商品に投資するかまで個人の判断にゆだねられますので、投資知識も必要になってきます。

加えて、「節税」がメリットとされる「iDeCo」ですが、専業主婦だと税金を払っていませんから、節税効果はゼロ。会社員でも、医療費控除や住宅ローン控除で税金を取り戻したら、節税する税金そのものがなくなります。

さらに、60歳になったときに退職金とともに「iDeCo」の積立を一時金で受け取り、退職所得控除額を大幅に超えると、課税されるケースも出てきます。

2022年からは、65歳まで加入できるなどいくつか改正もありますが、「iDeCo」

は意外なところに落とし穴が潜んでいますので、メリット同様にデメリットも、しっかり頭に入れておいたほうがいいでしょう。

## 「NISA」はやってはいけない

「NISA（ニーサ）」と聞くと、金融商品の名前と思われる人もいるようですが、これは「少額投資非課税制度」のことです。

銀行や証券会社を通じて「NISA口座」をつくり、ここで投資信託や株などを管理するというもので、年間の投資額が120万円以内なら、株や投資信託の譲渡益や配当金・分配金が最長5年間、非課税になります。

次のグラフは、金融庁のホームページからの引用ですが、「NISA」の最大のメリットは、このグラフでもわかるように、買った投資商品が値上がりしたり配当金を受け取ったりした場合、通常は支払わなくてはいけない約20％の税金を免除されるということ

## NISA口座で非課税になる利益とは

① 購入した株式・投資信託等が値上がりした後に売却した場合

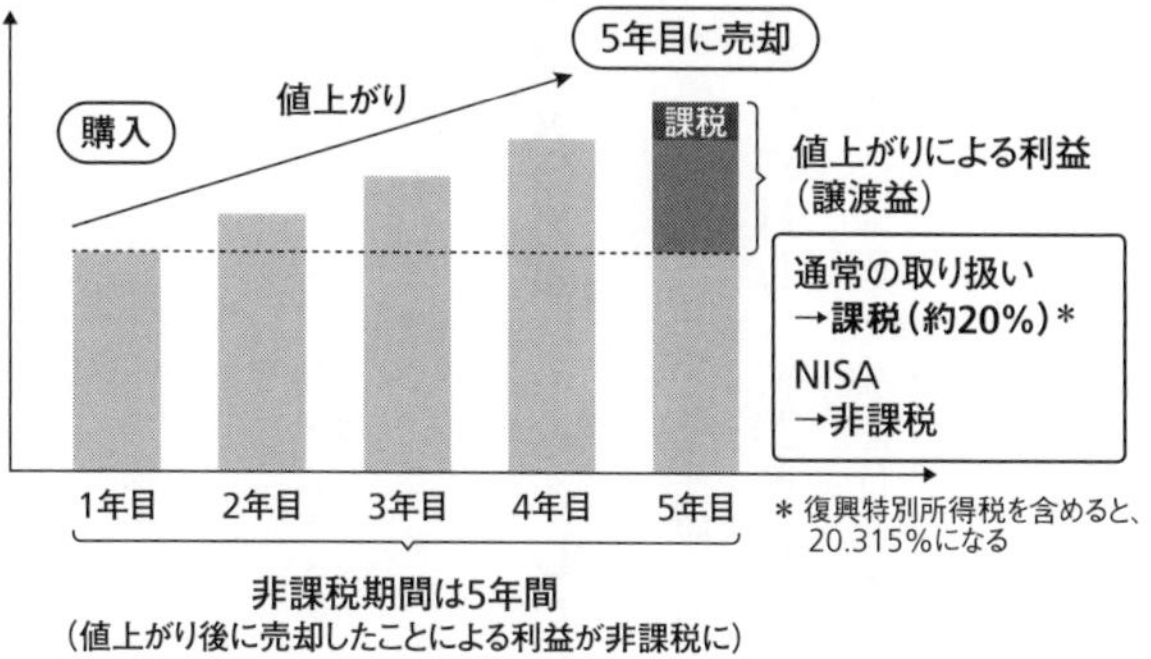


② 購入した株式・投資信託等を保有している間に配当金などを受け取った場合

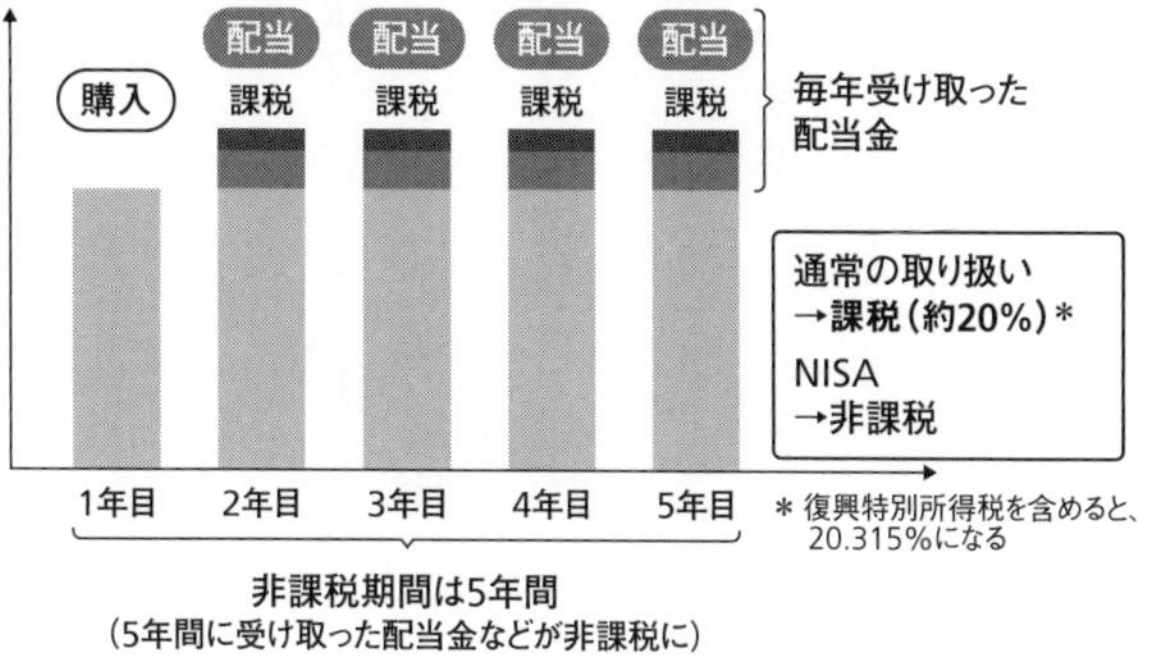


出典：金融庁「NISAの概要」

とです。

非課税期間は5年間なので、**5年たつと、通常の利益に対して約20％課税**されます。

「NISA口座」の開設は2023年までできますが、この期間は延長される可能性もあります。

さらに2018年1月から、「つみたてNISA」も追加されました。

「つみたてNISA」については、次項でくわしく説明します。

## 買った投資商品が値下がりしたら、課税される可能性も

「NISA」は、買った金融商品が値上がりしても、売った価格と買った価格の差額の「もうけ」に対して約20％の税金がかかりません。それが最大のメリットであるということは、前ページの金融庁のグラフを見るとわかりやすいと思います。

たとえば、100万円の株を購入して、これが150万円になったら、もうけの50万円に対しては、通常差し引かれる約10万円（約20％）の税金が「NISA」だとかからな

いので、まるまる手取りとなります。

では、100万円の株が、50万円に値下がりしてしまったらどうなるでしょうか。

普通の口座なら、株が値上がりになるまで持っていることもできるでしょう。現行の制度では、**これから「NISA口座」をつくる人は、購入した株を5年間しか置いておくことができません**（ただし、2024年以降の新制度では未定）。5年たったら、損をしても売ってしまうか、売らないなら普通の口座に移さなくてはなりません。

問題は、普通の口座に移すとき。**株を「NISA口座」から普通の口座に移すときには、移したときの価格が「取得価格」**ということになります。

つまり、100万円で購入した株が、「NISA口座」から移すときに50万円だったら、50万円で購入したことになります。もし普通の口座に移したこの株が、購入時の100万円に戻ったときに売ると、今度は50万円の「もうけ」が出たとみなされて、約10万円の税金を払わなくてはならないという、とんでもないことになるのです。

## 「投資商品」を積み立てるとは?!

「NISA」は2014年にスタートしましたが、2018年に**「つみたてNISA」**という、毎月一定額の投資信託を買い続けていく制度が追加されました。

「つみたてNISA」は、年間の投資上限額が40万円で、最長20年間は非課税で運用できます。

投資対象商品は、金融庁が定めた基準を満たす投資信託と上場株式投資信託（ETF）に限られており、投資の初心者でも運用しやすいというのもポイントです。

とはいえあくまでも投資商品である以上、元本割れの可能性もあります。

手数料は、基本的には投資信託やETFを買うときの手数料、それらを持っている期間の信託報酬という手数料、売却時の信託財産留保額という手数料がかかりますが、投資信託の販売手数料は、「ノーロード」という無料になっています。

iDeCoと違って、途中で売却できないというようなことはありません。また、積み立てている途中で別の投資信託に切り替えることはできませんが、それまでの積立をストップし、新たに積立を始めることは可能です。

ただ、損をしたときには、通常の証券口座なら利益が出ているものから損をしたものを差し引いて損益通算できますが、「NISA」や「つみたてNISA」ではそれができません。

## 割高でも買わなくてはならない「つみたてNISA」

「つみたてNISA」なら、20年にわたる非課税期間があり、積立で確実に財産形成ができるというのが金融庁の宣伝文句です。「積立」という言葉のイメージから、積立預金のようなものだと思う人もいるようです。

けれど、それは間違いです。**「積立」といっても、「つみたてNISA」はリスクのある投資商品**です。積立預金のように、確実にお金が増えるという保証はどこにもありません。

投資商品の「積立」には、「つみたてＮＩＳＡ」のほかに、株を毎月購入する「るいとう（株式累積投資）」があり、これらの商品は、価格が安くても高くても、毎月、同じ日に同じ金額を購入する仕組みです。価格が標準化されるので安心だと勧められるケースもありますが、本当にそうでしょうか。

投資では、安いときに買って高くなったら売るというのが基本。だとすれば、高くても安くても毎月決まった日に購入するというのは、この基本から外れた買い方です。

金融庁のホームページでは、次の図のように「安いときには多く購入できます」と謳《うた》っています。

これを見ると、毎月１万円ずつ積立預金をしていくよりは、大きく増える気がしませんか。４か月間、１万円ずつ貯金しても４万円にしかなりませんが、「つみたてＮＩＳＡ」なら、基準価格によっては４万５０００円分の投資信託を購入できるからです。

けれど、本当にもうけようと思ったら、１か月目に１万円購入したら、値上がりした

## 定額の積立投資なら安いときには多く購入できます

以下のような値動きの場合に、投資信託を最初に4万円分買ったときと、
4か月間、毎月1万円ずつ定額で買ったときを比べると……(注)1

| | 1か月目 | 2か月目 | 3か月目 | 4か月目 | |
|---|---|---|---|---|---|
| 投資信託1万口の価格推移(注)2 | 1万円 | 2万円 | 5千円 | 1万円 | |
| 最初に4万円分購入した場合 | 4万円 | 0円 | 0円 | 0円 | 購入総額 4万円<br>購入口数 計4万口 |
| | 4万口 | 0口 | 0口 | 0口 | 平均購入単価(1万口あたり) 1万円 |
| 毎月1万円ずつ購入した場合<br>積立投資 | 1万円 | 1万円 | 1万円 | 1万円 | 購入総額 4万円<br>購入口数 計4.5万口 |
| | 1万口 | 5千口 | 2万口 | 1万口 | 平均購入単価(1万口あたり) 約9千円 |

価格が高いときは少なく購入することになります

価格が安いときは多く購入することになります

**この例では、毎月1万円ずつ購入していた場合のほうが、平均的な購入単価を安くすることができました**

(注1)上記の例は将来の投資成果を予測・保証するものではありません。相場が継続して上昇し続ける場合等、一括投資の方が 有利な場合があります。
(注2)投資信託の取引単位は「口数(くちすう)」で示されます。変動する投資信託の価格は「基準価額」と呼ばれ、多くは「1万口あたり」で示されます。

出典:金融庁「つみたてNISA早わかりガイドブック」

2か月目には購入せず、値下がりした3か月目に2万円分購入すれば、同じ4万円の投資でも、6万5000円分の投資信託を購入できます。

毎月同じ日に、同じ金額で投資商品を買っていくというのは、金融機関にとっては手間がかからなくていいのかもしれませんが、投資というのはそういうものではないと思うのは私だけでしょうか?

## 籠の中の卵の「分散投資」に、なぜ「ゆで卵」がないのか

「株はこわいけれど、投資信託ならさまざまな金融商品に分散投資しているので、リスクが低い」。なんと、そう信じ込んでいる人がいるようです。

なぜなら、投資の基本は「分散投資」で、投資信託はしっかりと分散投資をしていると金融機関で説明されるからです。

分散投資でよくいわれるのが、「卵は、ひとつの籠《かご》に盛るな」という格言。「同じ籠に

入れておくと、籠を落としたら卵は全部割れてしまうが、いくつかの籠に分けておけば、ほかの籠に入れてある卵は無事」ということで、投資のセオリーなのだそうです。

でも、分散投資であれば本当にリスクが減るのでしょうか。

2008年9月15日、「リーマンショック」が起きました。震源地となったアメリカでは、ドルが売られたので日本は円高になり、1ドル110円ほどだった円が、いきなり87円になりました。この円高で、輸出産業の収益が悪化するという憶測から株が売られ、2008年1月には1万5157円だった日経平均株価が、リーマンショック後には6995円まで下がりました。

ダメージを受けたのは、円や株だけではありません。債券も売られてキャッシュ化されたので、債券価格も大幅下落しました。

つまり、円、株、債券という、別々の籠の卵が、一気に割れてしまったのです。

## 「投資信託」は銀行にとって、ノーリスクでもうかる金融商品

では、なぜ金融機関は、分散投資が投資のセオリーだという「錦の御旗《みはた》」を掲げ、「投資信託」を勧めるのでしょうか。

それは、投資信託が株や債券よりも売りやすく、手数料もたくさん入ってくる金融商品だからです。手数料の安さを売りにしている投資信託も多くありますが、手数料が低くてもリターンが低ければ、投資の意味がありません。手数料だけでなく、商品内容をしっかりチェックする必要があります。

素人だと、分散投資をしようにも、お金を株式、債券、為替《かわせ》、不動産、金《きん》などさまざまなものに分散することは難しいでしょう。ですから、あらかじめさまざまな投資商品がパッケージになっている投資信託は売りやすいのです。

しかも、株式、債券、為替、不動産、金は、たしかに売買のたびに手数料が入ってきます。けれど、購入者が売らなければ、それ以上の手数料は入ってきません。

ところが投資信託は、売るときと買うとき以外にも、その投資信託を持っているあい

だ中ずっと、「信託報酬」という管理手数料が入ってきます。金融機関にとっては、確実にもうかるものなのです。なかには、「ファンド・オブ・ファンズ」といって、投資信託を複数組み合わせ、二重、三重に手数料が入ってくるものもあります。

## 銀行は「現金」を嫌がる

分散投資でリスクを減らすということは、投資の世界では、同時にリターンも減るということ。リスクだけを分散投資で減らして、リターンはそのままなどということはありえません。

しかも、リーマンショックのようなことが起きると、前述したように、卵をどんなに分散して籠に入れておいても、全部割れてしまうのです。

いまのようなデフレでは、割れない卵が貴重。そして、割れない卵とは「ゆで卵」。では、**「ゆで卵」とは何かというと、ずばり「現金」**です。

デフレ中であれば現金は相対的に価値が上がり、リーマンショックのような予想外の事態があっても目減りしませんし、金融機関が破綻しても守られます（1金融機関につき預金者1人当たりで元本1000万円までと破綻日までの利息等)。

ところが、銀行にまとまった金額を預金しようとすると分散投資を勧められて、「普通預金で置いておきましょう」とはいわれません。低金利の預金は運用しにくいので、銀行にとって利益になる「投資信託」を勧めるのです。

ただ、それはあなたのお金です。失いたくないお金なら、銀行には嫌がられても「現金」で持つ。これが、大切なことです。

## 「投資の常識」を疑おう!

金融セミナーなどに行くと、「積立投資」「分散投資」と並んで「投資の基本」といわれているのが「長期投資」です。

金融庁のホームページにも、「将来のために増やしていきたいお金は、株式や投資信託などを利用した『投資』の形で、長い期間をかけて少しずつ増やしていくと良いでしょう」と書かれています。

ただ、現在の投資環境のなかで、長期投資というのはありえるでしょうか。

みなさんは、「1か月後の自分」と「30年後の自分」の、どちらをイメージしやすいでしょうか?

たぶん、30年後にはどうなっているかわからないけれど、1か月後の自分なら、だいたい想像できるという人がほとんどでしょう。

投資も、同じです。

投資は、いまのように経済状況が激変するなかでは、1か月後のことはおおよそ予測できても、30年後を予測するというのは難しいものです。

たとえば、いまから30年前に、アメリカとならぶ大国だったソ連が崩壊し、ユーロを通貨とする巨大な経済圏がヨーロッパにできてそれが再び危機を迎え、中国が大国になると予測できた人は、ほとんどいなかったでしょう。

## 「投資のプロ」は「長期」より「短期」で勝負している――

実際のところ、「投資のプロ」で、「30年後にはこうなるから、長い目で見て投資をしよう」と考える人はいません。確実に利益をあげるには、目先の利益を追うしかないのです。

たとえば、投資信託などを運用するファンドマネージャーの多くは、3か月先のことしか考えていません。彼らは3か月ごとに運用成績が評価され、外資系の会社などでは、そこで運用成績が悪ければクビになってしまいます。

投資の世界では、3か月単位で利益を追うことは正解です。コロナ禍のような事態が起きた場合は別として、20年後、30年後といった遠い将来より3か月後のほうが状況を把握しやすいからです。

では、なぜ投資商品を売るときには、「長期投資」を勧めるのでしょうか。

## 「長期投資」にだまされない

多くの人は、いまよりも将来が良くなっていることを望んでいます。しかも、投資に関しては、知識があまりない人が多いので、自ら運用するのではなくプロにお願いしたいと思っています。

ですから、「どうなるかわかりませんが、短期ではいい投資です」という言葉よりも、「これは将来に備えた長期投資です」という言葉に魅力を感じます。「短期投資」よりも「長期投資」のほうが、金融商品を売るときに安心感を与えることができるのです。

長期投資は、売るときだけでなく、途中で投資商品が値下がりして大変なことになったときにも、それを切り抜けるためのキーワードになります。

投資したものが大幅に目減りし、客が「こんなに損した、どうしてくれるんだ!」と買った銀行に怒鳴り込んできても、「お客様、これは長期投資を基本とした金融商品ですから、長い目で見たら良くなってくるはずですよ」と怒りをかわせます。

プロにそういわれると、つい「そうかな」と思いがちです。

ところが、いつまでたっても損を挽回できず、何年かしてまた銀行の窓口に行くと、その商品の担当者はすでに部署が変わっていたということが、よくあります。

いまの金融機関の実態を見ていると、その程度のことで長期投資といっているように思えます。


この章では、60歳以降に向けて借金を減らし、資産を増やす方法について説明してきました。

次章では、50代の働き方を見ていきましょう。

第 3 章

# 50歳からの
# 最強の「働き方」戦略

## もっとも大切なのは、自分を軸に人生を考えること

本書をお読みのみなさんが50代なら、まさに怒濤《どとう》のような時代を生きてきたはずです。50代の親世代の人たちは、よく「自分たちは、大変な時代を生きてきた」といいます。さまざまな苦労はあったかもしれませんが、50代の〝いま〟と比べたら、そこまで大変だったわけではないと思います。

親世代が社会に出たときには、すでに戦後の高度成長が始まっていて、その波に乗って、誰もがエスカレーター式に上がっていけた時代だったからです。

第1章でも述べたように、いまの80～90代はたしかに必死に働きましたが、年功序列と終身雇用に守られ、給料は右肩上がりで一定の成果を手にしています。家も安いときに買っているので資産価値が上がっているし、バブル経済期には子供に教育費がかかっていたのでそれほど浪費もしなかったでしょう。しかも子供の教育費も、いまほど高く

ありませんでした。

加えて、バブルがはじけても10年くらいは給料が下がらなかったので、高い給料をベースに退職金をもらい、さらに年金も受け取っています。

ですから、高齢者の6人に1人は家を除く金融資産だけで4000万円以上持っていて、内閣府の調査では約7割の人が「心配なく暮らしている」と答えています。

## あなたが「会社をクビ」にしてもいい

その一方で、いまの50代はどうでしょうか。

入社したときには、会社のポストは先輩たちで占められていてなかなか上に行けず、それどころかバブルがはじけてデフレという下りのエスカレーターに乗り続けてきました。給料は右肩下がり。年功序列や終身雇用も崩れ、高いマンションを長期にわたる住宅ローンを借りて購入し、子供の教育費は高いうえ、定年退職の前に役職定年で給料が下がる。その給料を基準に退職金や年金が決まるので、受給額も減っています。

しかも、民間の調査によれば、50代の専業主婦／主夫家庭の割合は約35％（「ビジネスパーソンの『夫婦』と『共働き』に関する調査2015」ジェイアール東海エージェンシー）で、家族の生活が一人の働き手にかかっているケースが多いのです。共働きの女性の場合は、セクハラ、パワハラの嵐にさらされ、ポストも収入も上がらない悔しさを経験し続けてきたことでしょう。

さらに50代は、親世代が経験したことがないつらい経験をした人も多くいます。それは、長年一緒に働いてきた同僚や部下に対するリストラです。逆に、自分がリストラされた人もいるでしょう。

親世代は、時代が良かったことを自覚しておらず、自分ががんばったからいい暮らしができていると思い込んでいて、「おまえはまだまだがんばりが足りない」などといいがちです。けれど、50代からすれば、親以上に努力しても、上に行くどころかズルズルと下がっていく一方です。

これが、いまの50代の会社員が置かれている状況です。

では、こうした状況のなかで、どうすればいいのでしょうか。

まず、親世代の時代のモデルは、すでに通用しなくなっています。守ってくれると思って長年忠誠を尽くしてきた会社でも、いまでは簡単にクビをいいわたすかもしれません。会社に不利益をもたらしたわけでも、怠けていたわけでもないのに、そのような会社の変わりようが一番つらいのではないでしょうか。

だったら、**そんな会社はこちらからクビにしてもいいのです**。会社に残るとしても、自分のために働きましょう。

この先、生きていくのに信じられるのは自分自身、そして自分を支えてくれる家族や友人たちだけです。

支えてくれる人たちのためにも、会社人間はやめて、自分を軸に前向きに物事を考えていくこと。下りのエスカレーターに乗っているあいだは、がんばりすぎない。もしそうしたいなら、エスカレーターを降りてから、自分のためにがんばりましょう。

## 「会社を辞める」か「会社に残る」か

会社を辞めるか、このまま残るか――そんな岐路に立っている人は多いと思います。第1章でも述べましたが、たとえば銀行の本店勤務の場合、50歳になると、一部の幹部候補を除いて退職するか、関連会社などに出向するか、本店に残るかの三択になるところが多くあります。

退職する場合には、「早期退職制度」で通常の退職金よりも多い額が支給されます。関連会社などに出向する場合には、本店に戻れない片道切符が多く、待遇も関連会社の規定に準じるのが一般的です。

本店に残る場合には、役職定年などもあって給料は下がりますが、2021年4月に施行された「改正高年齢者雇用安定法」により、**希望すれば70歳までは会社に居続けることができます**。ただ、**給料の減り方はすさまじく、6割程度に減ってしまうケースは**ざらにあります。

銀行側でも、50歳になったときの選択について40歳くらいから理解してもらい、第二の人生に向けたトレーニングを行っています。

これは銀行の例ですが、そうでなくても、給料が上がっていく社員をそのままにしておけないという企業は増えています。

ですから、できれば50歳になる前に本腰を入れて、会社を去るか残るかを考えなくてはいけなくなっているということです。

そこで、「会社を辞める」「会社に残る」両方についてメリットとデメリットを考えてみましょう。

## 「会社を辞める」メリットとデメリット

〈メリット〉

自己都合で辞めると、失業保険もすぐに出ませんし、退職金などでの金銭的なメリットもありませんが、「早期退職」などに応じて辞める場合には、会社都合で辞めさせたという扱いなので、失業保険がすぐに出ます。また、退職金が割り増しになります。相場は、通常の退職金プラス給料の2年分といったところでしょう。

会社によっては、再就職先を探してくれるケースもあります。

〈デメリット〉

会社が再就職先を探してくれない場合には、仕事と収入を失うことになります。

また、会社員は厚生年金なので、その保険料は会社が半分負担してくれます。将来もらえる年金額も自営業者より多いのですが、退社すると厚生年金からはずれます（厚生年金に加入していた期間分の年金は支給されます）。

健康保険でいえば、病気やけがで会社を休んだときに支給される「傷病手当金」がなくなります。「傷病手当金」とは、病気やけがで仕事を休んだときに、給料の3分の2を最長1年6か月支給してくれるという制度です（148ページ参照）。

## 「会社に残る」メリットとデメリット

〈メリット〉

仕事を失うリスクが減ります。また、社会保障面では、「厚生年金」「健康保険」に加入し続けるので、「国民年金」「国民健康保険」よりも手厚い保障が受けられます。

有給休暇や各種休暇など勤続年数で取得できる休みを多く取得できます。また、慣れた仕事を続けていけるので、楽な面もあります。

余談ですが、勤めている企業が有名企業の場合、子供が結婚するときに相手の親の評価が上がったり、金融機関からお金を借りやすかったりすることもあります。

〈デメリット〉

多くの企業が役職定年制を導入しているために、給料が下がる可能性があります。また、役職が下がるとそれまでの部下が新しい上司になるかもしれず、会社で肩身のせまい思いをする可能性があります。

さらに、会社の業績が傾いたときには、会社と一蓮托生《いちれんたくしょう》の運命をたどる危険性があります。

また、60代になって新しいことに挑戦したくなったとき、「肉体的にも精神的にも活力がある50代のうちにやればよかった」と後悔するかもしれません。

## 50代の「転職」には「武器」が必要

日本では、前向きにとらえられないことも多い「転職」ですが、グローバル化しているアメリカでは、転職しながらスキルアップしていくのは、あたりまえのことです。

30年ほど前にアメリカのシティバンクで聞いた話ですが、同行では、しっかりと時間とお金をかけて新入社員教育をします。そして、教育した10人のうち7人は、教育期間が終わるとほかの金融機関に転職します。「シティバンクの教育を受けた」というだけで、転職のポイントが上がるからだそうです。

「それでは、教育した意味がないのでは？」と担当者に聞くと、「転職していった7人のうち4人くらいが、さまざまな金融機関でキャリアを積んで戻ってくる。しかも、すごい戦力に育っているので元がとれます」とのこと。

すでに日本も、アメリカのような転職社会になっていて、中途採用が急激に増えています。日本型雇用の砦《とりで》といわれたトヨタでさえも、総合職の中途採用は3割に達しており、中長期的には5割にする方針だそうです（2019年度時点）。

そんな時代に大切なのは、転職に有利な「スキル」がどれだけあるかということ。強力なスキルさえあれば、どこでも受け入れてもらえる時代になります。

## 自分のスキルをバージョンアップ！

「スキルを身につける」というと、語学やITのようなものを思い浮かべ、自分には無理と思うかもしれません。けれど、語学は優れた翻訳機能がどんどん開発されますし、IT技術も日進月歩ですから、一から身につけても追いつきません。自分に必要なことだけできれば、それで事足ります。

それよりも大切なのは、**自分がやってきたことを〝バージョンアップ〟する**こと。

たとえば営業職なら、いままで積み上げてきた「営業スキル」があります。それだけだと、ただ「営業ができます」というだけで、転職の武器にはなりません。

けれど、そこに「顧客管理スキル」を加え、データを駆使して顧客の特性やニーズ、人脈、攻略法などを分析できれば、採用する側は「この人はできる！」と思うでしょう。

自分ではデータ作成ができなければ、得意な人に相談してつくってもらえばいい。操作方法だけ覚えれば、一から習う必要はありません。大切なのは、「こうしたい」というビジョンなのです。

## 会社員のうちに、割安に資格を取得する

50代ともなれば、無駄なことをやっていられません。

いままで培《つちか》ってきたキャリアに、プラスアルファとしてそれが強化されるようなスキ

ルを取得していけばいいのです。

たとえば、スーパーで働いているなら、フードインストラクターや介護食アドバイザーなどの資格を取っておくと、転職の場は大きく広がります。

そのためには、**会社員なら、厚生労働大臣指定の一般教育訓練を受講して修了すると、受講にかかった費用の20％（4000円以上、上限10万円）が戻ってくる「教育訓練給付制度」が使えます**。

この制度は、通算で3年以上、雇用保険に加入していれば使えますが、初回だけは、雇用保険に1年以上加入していれば使えます。また、会社を辞めても離職後1年以内なら利用することができます。

さらに、2014年10月より、従来の制度のほかに**「専門実践教育訓練給付金」**というコースが新たにつくられ、2018年1月からは給付率の引き上げや受給要件の緩和など拡充されました。

これは、より専門的な知識を身につけるためのコースで、年間40万円（2021年6月現在）を上限に、かかった費用の50％が支給されます。訓練期間は最長3年。離職者の場合、受講が終わって1年以内に就職したら、16万円を上限にかかった費用の20％が追加支給されます。

くわしくは、最寄りのハローワークに問い合わせてください。

## 7割以上が「役職なし」という「ミドル採用」の現実

50代からの転職の現実は、甘くはありません。

中途採用支援サイト〈エン人事のミカタ〉による35～55歳の「ミドル人材の採用」アンケート（2017年）では、回答した企業の74％が「いい人がいれば採用したい」としています。

## ミドル人材（35歳〜55歳）の中途採用について

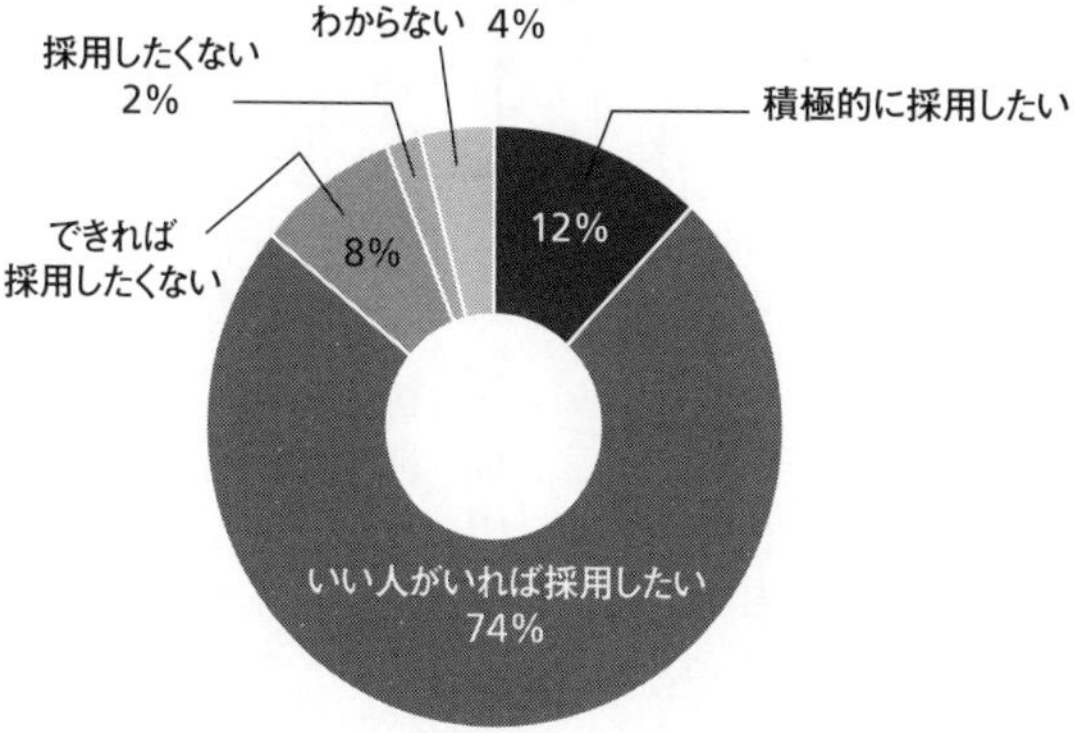


出典：エン 人事のミカタ「ミドル人材の採用」アンケート（2017年）

では、「いい人」とは、どんな人なのでしょうか。

「ミドル人材」を「積極的に採用したい」「いい人がいれば採用したい」という企業の57％は、「優秀であれば年齢は関係ない」と回答していて、続いて44％が「豊富な経験を必要とする仕事だから」、43％が「専門性が高い仕事だから」、30％が「若手と比べて、様々な環境に適応できるから」と回答しています。

つまり**企業にとっての「いい人」とは、すでに専門家としての実績が証明されている優秀な人材のこと**であり、そういう人材を即戦力として使っていきたいということです。

ただ、「ミドル人材」を「できれば採用したくない」「採用したくない」という企業も、1割ですが存在します。その理由は、65%が「自分のやり方、これまでのやり方に固執するから」でした。

社会に出てそれなりに仕事をしてきて、自分のスタイル、やり方が固まっていて臨機応変に対応できず、周囲から浮いてしまうことを懸念している会社が多いのでしょう。

2番目にあげている理由が「給与が高い」(49%)、3番目が「体力的に心配」(40%)というものでした。

給料や体力の問題は、転職を考えているミドルにとっては、もっともシビアな壁といえるでしょう。「年下の上司とうまくいかない」「個人差が大きく、統一した処遇を行うのが難しい」「新しい仕事を覚えるのに時間がかかる」「年齢に適した仕事がない」と、人材として使いにくいという企業もあるようです。

同じ調査で、3年以内に「ミドル採用」をした企業に採用理由を聞いていますが、「若手人材が採用できず、年齢を引き上げて人員を確保するため」が37％で一番多く、その次は「業務改善や、社内体制を再構築するため」（26％）、「マネジメント人材の不足を埋めるため」（24％）、「販路の拡大や新規顧客を開拓するため」（20％）、「若手メンバーのスキルを底上げするため」（14％）と続いています。

では、どんな職種が採用されやすいかといえば、もっとも多かったのは営業職（40％）で、次いで経営企画や広報、人事などの企画職（22％）、ＩＴや通信などの技術系（20％）となっています。

ただ、ここ3年以内にミドル人材を採用した実績のある企業に就職した人の72％は「役職なし」。もちろん、部長・次長クラスでの採用もありますが12％と少なく、本部長・事業部長クラスはわずか2％。役員クラスにいたっては1％と、ほとんどないといってもいいでしょう。

つまり、ミドルの中途採用では、好条件でのヘッドハンティングというのはかなりハードルが高く、豊富な経験を活かした現場での即戦力となる人材が求められているといえます。同時に、若い人たちに溶け込んでいけるような柔軟性も求められているということです。

それまでなじんできた会社で、部下を使って仕事をしてきたのとは、かなり勝手が違うでしょうし、若い人に使われる覚悟も必要になってきます。

それらに順応していける人でないと、50代の転職はかなり難しいと思ったほうがいいでしょう。

## 転職に向く人、向かない人

前項でミドルの転職の厳しさについて説明しました。それでも、50歳を過ぎると役職定年も迫ってきて、どこかほかの場所でもう一度、「第二の人生」をやり直したいと思う人が多いようです。

こうしたなかで転職への希望がふくらみますが、転職というのは一種の賭け。成功する人ばかりではありません。

〈エン ミドルの転職〉が転職コンサルタント132人に行ったアンケート（2019年）によると、彼らが実際に転職希望者と面談した際に、なんと3人に1人は「転職せずに現職にとどまったほうがいい」と思ったそうです。

そう思う理由の約8割は、**「本人の希望と転職市場での市場価格にギャップがある」**とのこと（次ページのグラフ参照）。

日本の企業の99％は中小企業で、会社員の7割はこうしたところで働いています。そして、転職しやすいのも、大企業よりは中小企業です。

困るのは、大企業で育つと大企業の環境を普通と思ってしまうこと。大企業なら、50歳で給料が800万円というのは普通ですが、中小企業だと、会社によってはその半分です。福利厚生の面でも、大手企業のように充実していない会社も多いし、プロジェクトに潤沢な予算を使えるところはほとんどありません。

**現職にとどまるべきである、と思う理由はどのようなものですか？**

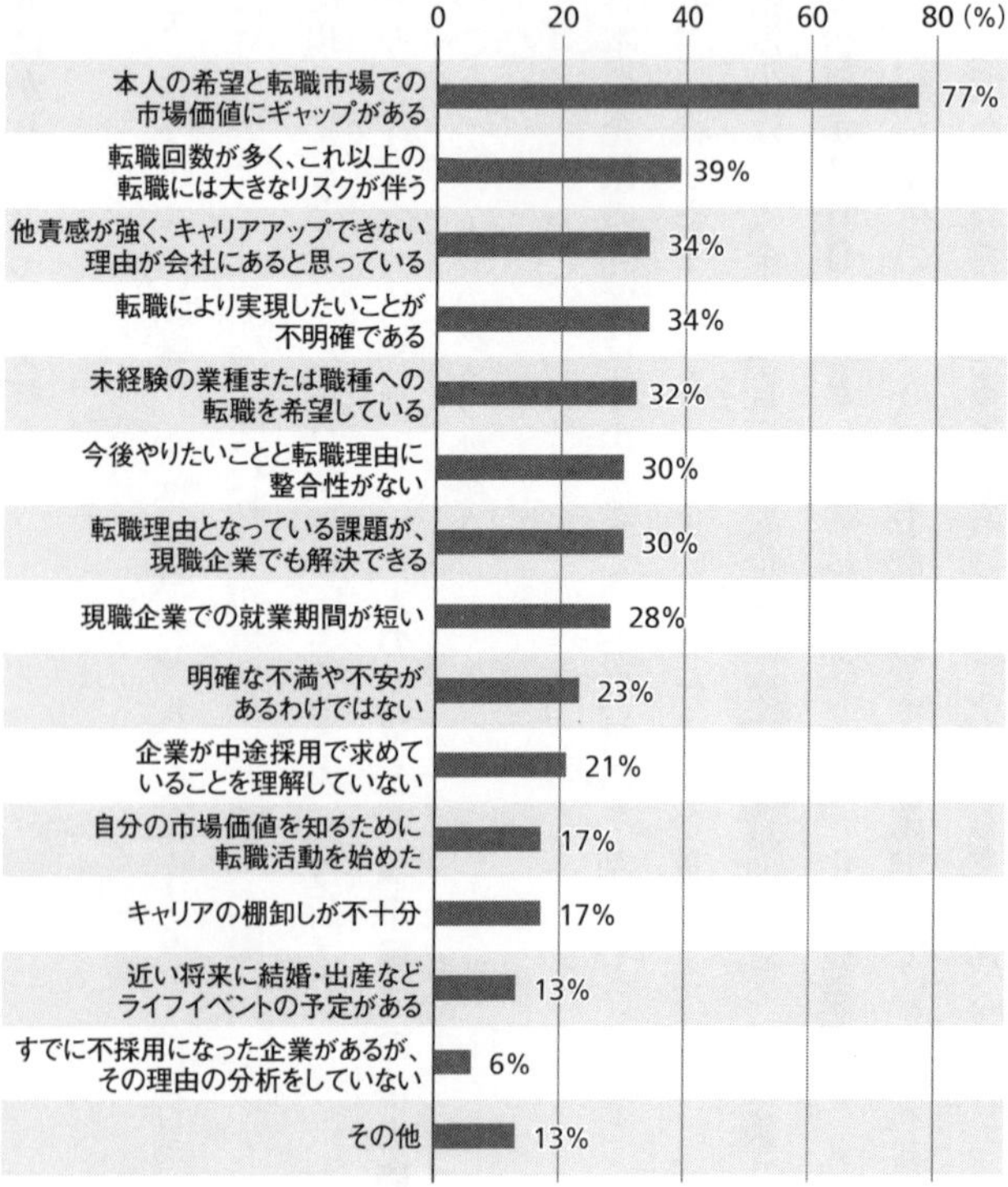


出典：エン ミドルの転職「転職すべき人／現職にとどまるべき人について」アンケート（2019年）

また、大企業ほど労働環境が整っていないだけでなく、中小企業にはオーナー会社が多く、人事権を社長が握っていることもよくあります。

大企業に勤めていると、自分に非がないのに社長の一存でいきなり降格させられたりクビになったりというようなことは少ないかもしれませんが、小規模のオーナー企業では、社長とそりが合わないというだけで理不尽な目にあうこともあるでしょう。

さらに、いままで部下に任せていたような仕事でも、自分でやらなければならないという大変な面もあります。

もちろん、大企業だからといって職場として必ずしも環境がいいとは限りません。職場でのハラスメントがひどかったり、コンプライアンス上の問題があったり、職場が「きつい」「帰れない」「危険」という3K企業だったりするところもあります。こうした職場だったら、転職しかないかもしれません。

転職すると、往々にして給料は下がります。だとしたら、**給料が下がっても転職すべ**

**き明確な理由が必要**です。理由のない曖昧《あいまい》な転職はかならず失敗します。

結果的には、**安定したいまの生活を取るか、転職で仕事の環境を変えて再スタートを切るか**の二者選択が多いものです。両方とも手に入ると思いがちな人ほど、転職はしないほうがいいということでしょう。

## 「起業」するときは、絶対に自分のお金を使わない

他人に使われるのはいやなので、「転職」ではなく「起業」する人もいますが、起業で成功するためには、守らなくてはいけないことが2つあります。

1つは、**起業するときに、自分のお金を使わない**こと。そしてもう1つは、次項でくわしく説明しますが、**配偶者の同意を取りつける**ことです。

起業の多くでは、それなりの資金が必要となります。たいていの人は、貯蓄や退職金を使うか、親戚縁者に頼ることを考えます。

けれど、それは絶対にやめること。**自分や身内のお金だと管理が甘くなり、失敗したときに大きな禍根《かこん》を残すことになりかねない**からです。

起業するなら、金融機関から資金を借りることが大切です。

## 資金を借りるなら「日本政策金融公庫」で

なぜ、金融機関から借りなくてはいけないかといえば、金融機関は成功する見込みがない事業には貸してくれないからです。裏を返せば、金融機関が貸してくれるような事業なら、成功する確率も高くなります。

ただ、いきなり銀行に「事業計画書」を持っていって融資してほしいといっても、銀行員も忙しいので、担保になるものがない事業計画書では取り合ってもらえないし、一応預かってくれても行内で放置されるのがオチ。

相談するなら、「創業支援」の融資を積極的に行っている政府系金融機関の日本政策金融公庫へ行きましょう。創業支援相談にも対応しています。


ただ、創業支援をしているからといって、事業計画書を持っていけばお金を貸してもらえると思ったら大間違い。最初の申請の99・99%は融資されないはずです。

**大切なのは、お金を借りることではなく、事業計画のどこが悪くて融資されないのかを指摘してもらうこと。**相手は起業のプロですから、当然、事業計画書のどこに問題点があるかも見抜くはずです。

その問題点を教えてもらい、改善して再び持っていくのです。もちろん、そこでもさらなる問題点が指摘されると思いますが、そうやって何度も足を運ぶことで、確実に事業の欠点が改善され、起業の成功率も高まるでしょう。

## 金融機関からの借り入れなら、失敗しても再起が可能

「起業」への意欲がある人は、往々にして本人の思い入れが強く、思いばかりが先走って自己流になりがち。それが、失敗の拡大にもつながります。

繰り返しになりますが、大切なのは、計画を厳しい第三者のプロの目で見てもらい、成功率を上げること。

それが、自己資金や親戚縁者から借りたお金だと、事業に対する取りくみが甘くなりがちです。それだけでなく、うまくいかなかったらなんとかしようと熱くなり、新たに借り入れをして雪だるま式に借金が増えて、身動きがとれなくなるまで損失を拡大させていくおそれがあるのです。

金融機関から借りたお金なら、担保さえ最小限にしておけば、ダメだと思ったら会社を倒産させてそこで終わります。親戚縁者にも迷惑をかけることがありませんから、失敗を糧《かて》に再度奮起して立ち上がろうとするときに、応援してくれるかもしれません。

起業するなら、会社を辞める前に、ある程度まで事業計画書を練り上げて金融機関に目を通してもらいましょう。そうした準備なしに会社を辞めてしまうと、後悔することになりかねません。

## 「起業」で大切なのは配偶者の同意

起業するときには大切なのは、「自分のお金を使わない」ことだけではありません。**「人生のパートナーである妻あるいは夫の同意を取りつける」ことも必要**です。

こういうとき、妻のほうが現実的なものです。会社を辞めると生活にどれだけの不利益が生じるか、肌感覚でわかるからでしょう。収入はどうなるのか。子供はいまの学校に通えるのか。世間にどんな目で見られるか……。こうしたことを考えると、たいていの妻が起業に反対しても不思議ではありません。

友人や知人が起業を応援してくれるのは、他人事だからというのもあります。運命共同体である妻は、「家のローンは？」「子供の教育費は？」「親の介護は？」と、山のような問題を突きつけて猛然と反対したり、「起業するなら、離婚して」と感情的になるかもしれません。

けれど、配偶者の理解を得られないなら、起業などしないほうがいい。**夫婦仲が険悪だと、起業してもうまくいかないケースが多い**からです。

## きちんと計画していることを伝える

起業とは、よほど優れた技術や卓越したスキルがないかぎり、安定した会社員の職や肩書きを失い、ゼロから出発することを意味します。

なぜ、若くもないのに起業しなくてはいけないのか会社の事情がわからないと、配偶者から理解を得るのも難しいでしょう。まず、そこから説明しなくてはなりません。

いま、自分が会社でどんな仕事をしていて、この先どうなりそうか。自分で会社を始めたいという熱意は大切ですが、その背景にある状況をしっかり配偶者に伝えましょう。たとえば、50歳で役職定年になると、いまの仕事が続けられず、部下の下で働くことになるかもしれない。そうなったら、会社に行く気力を出せない。それでこころの病気になった先輩もいるなど、真剣に向き合って本音で話すことです。

また、会社を早期退職すると、どれくらいの退職金がもらえるのか。もし、前述したような金融機関への事業計画書などがあったら共有して、**起業すれば毎月○○万円の収入が見込め、そこから月に○○万円は家計に入れられるなど具体的な金額を示します。**

さらに、思いつきではないとわかってもらうには、会社にいるあいだにどれだけの準備をして、いつごろ起業するのかなど大まかなスケジュールも伝えておくといいでしょう。

いますぐの起業は「絶対にダメ」でも、「3年後に子供が社会人になったら」など状況が変われば、「考える余地あり」になるのではないでしょうか。

## 配偶者を巻き込むことが成功への一歩

起業しても、いきなり人を雇って始めるのにはリスクがあります。

まずは、副業として感触をつかむためにウェブサイトを立ち上げてみるなど、会社を辞めないまま、時間をかけて独立の準備をしましょう。そういうとき力になるのが、配偶者の存在です。

たとえば物販なら、初期コストをかけずに起業するのに一番手っ取り早いのが、在庫を抱えなくてもすむネット販売。ウェブサイトのデザインや商品アピールの方法などで、意外と主婦／主夫感覚が役に立ちます。

また、資金が潤沢なわけではないので、自分が外回りしているあいだに会計やサイト管理などをしてもらえると助かるでしょう。簡単な簿記やパソコンの使い方を習得してもらえば、大きな戦力となります。

さらに起業の熱意も伝われば、2人でがんばろうとなるかもしれません。それは、起業成功への大きなカギとなるだけでなく、2人で過ごす老後を、大変だけれど豊かなものにしてくれるでしょう。

## 副（複）業はリスクヘッジにもなる

起業するほどの熱意もないし、配偶者を説得する自信もないので、「会社に残る」という選択をする人も多いでしょう。

ただ、給料は確実に減りますから、それを補う副（複）業は考えておきましょう。

いままで、日本の企業の多くは、副（複）業を禁止していました。それは、国の方針に従っていたからです。

けれど、2018年1月に、厚生労働省が多様な働き方を目指す「モデル就業規則」を改定して副業・兼業を容認して以来、企業間にも副業容認の意識が広がっています。

第1章でも取り上げましたが、2020年、みずほフィナンシャルグループが「週休

3日・4日制」の導入を発表し、内外に波紋を呼びました。

「週休3日制」は、すでにファーストリテイリングや佐川急便、日本マイクロソフト、ヤフーなどが導入していて、バーチャルオフィスやシェアオフィスを扱うナレッジソサエティでは、週休4日制も導入しています。

ただ、みずほの「週休3日・4日制」が衝撃を与えたのは、週休3日なら基本給が8割、週休4日なら基本給が6割にまで減るという規定になっていることから、企業のコスト削減ではないかという見方が広がったからです。

## 急拡大するクラウドソーシング

副業とひと口にいっても、コンビニのアルバイトのように時間を切り売りするものから、日当払いの体力を使う仕事まで、さまざまなものがあります。

50歳になると、社会的な体面も気になるし、体力にも自信がない、散々会社で気を使ってきたのでこれ以上気を使うようなことはしたくないという人が多いのではないでしょうか。

## クラウドソーシングの仕組み

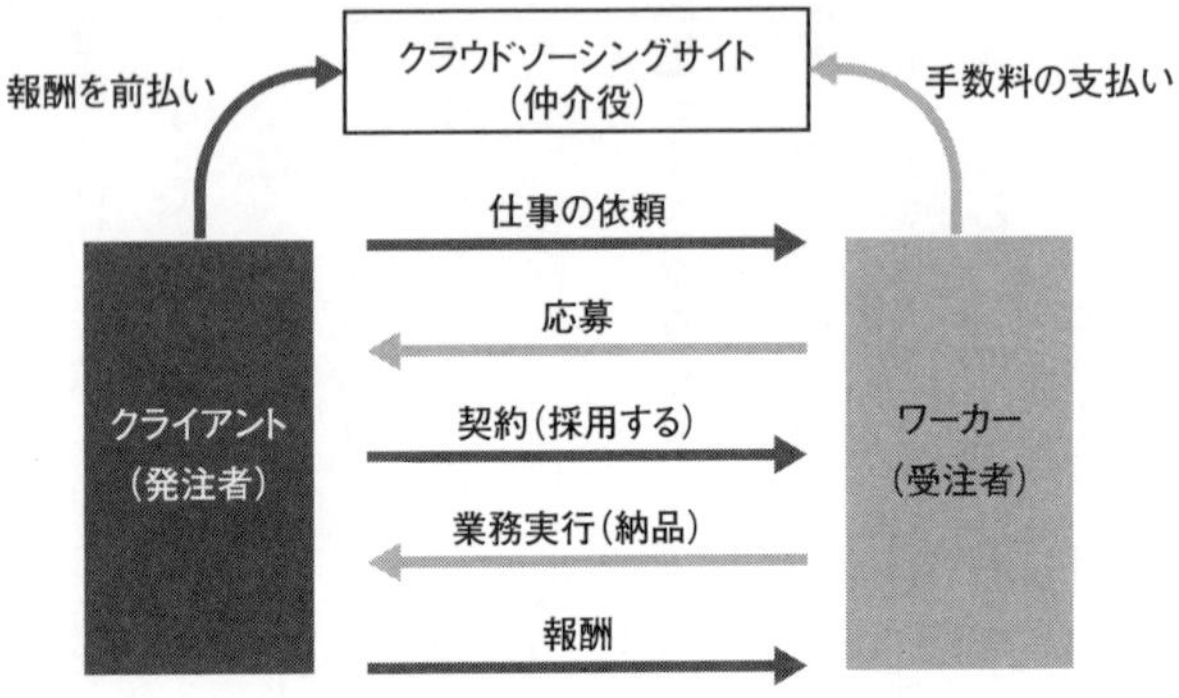


だとすれば、**「クラウドソーシング」**はどうでしょう。インターネット上で企業が不特定多数の人（crowd）に業務を発注（sourcing）する業務形態で、仕事を依頼したい企業と仕事を受けたい人の出会いの場として急拡大しています。

世界最大のクラウドソーシングサイトは「Upwork（アップワーク）」で、約1000万人が登録し、約400万の企業が仕事の発注をしています。日本にも、「クラウドワークス」や「ランサーズ」など、たくさんのクラウドソーシングサイトがあります。

登録は無料で、クラウドソーシングサイトを仲介して仕事を受けたら、報酬の一部を手数料として支払うのが一般的です。登録料がかかるクラウドソーシングサイトもありますが、まだ仕事もしていないうちからお金を支払うようなサイトは避けたほうがいいでしょう。

インターネットにそれほどくわしくなくてもできる、名刺や住所のデータの打ち込みなど、報酬は低くても比較的簡単な仕事もあるので、一度のぞいてみてはいかがでしょうか。

## 税金を払わなければならない副業も

**会社員でも、副業収入が年間に20万円以下なら確定申告をする必要はありませんが、20万円を超えた場合は雑所得として確定申告をして、税金を支払わなくてはなりません。**

副業でも、**収入を給料としてもらっている場合**は、2か所以上から給料が支払われていることになり、各社で源泉徴収や年末調整をしていたとしても正しい納税額にならないので**確定申告する必要**があります。

課税額は、年収や家族構成、副業で稼ぐ額によっても違います。たとえば、妻が専業主婦で子供たちは社会人になっている年収500万円の会社員の場合、副業で50万円稼ぐと、支払うべき所得税、住民税は年間の合計で約9万円増えます。副業で100万円稼ぐと約19万円増えます。**稼ぐ額が大きくなるほど、所得税、住民税も増える**ことも心得ておきましょう。

## 目的のあるアルバイトには意外な収穫が

「働き方改革」で残業が少なくなり、さらに新型コロナウイルスの影響でリモートワークが導入され、いっそう手取り収入が減ってしまったという人が増えています。技術もスキルもそれほどないので、この収入の不足分を補うために手っ取り早くアルバイトをしたい場合もあるでしょう。

新型コロナウイルスが終息してからという前提ですが、それなら飲食店やサービス業で働くといいでしょう。とくにチェーン店などはシフト制で、支払いも時給なので、シフト次第では本業の合間に働くことができます。

体力があれば、工場での仕分けや梱包など、深夜、早朝にできる軽作業も会社の始業前、終業後にできます。ただ、若いときのような体力はありませんので、どうせ働くなら、将来を見据えた働き方を考えてみてはどうでしょう。

たとえば、介護施設で働いてみると、思ってもみなかった意外な収穫があったりします。

## 介護の現場での貴重な情報

50代になると、親の介護が負担になる人が増えてきます。

親を介護施設に入れようと思っても、どこがいいのか見当がつかないことが多々あります。もちろん、選ぶ前に、いろいろな施設を訪問すれば設備などは比較できます。ただ、本当にその施設が大切な両親の世話を真心込めてみてくれるかどうかまではわかりません。

最近は、施設での高齢者虐待のニュースもメディアで取り上げられることもあるので、取り寄せたパンフレットがどんなに立派でも、そこに紹介されていることを鵜呑《うの》みにしていいのか不安なときもあるでしょう。

そうした人にお勧めなのが、介護施設で働くことです。


介護施設は人手不足のところが多く、ケアハウスや老人ホームなど、短時間の働き手を募集しているところは少なくありません。

週2日から働けるところもあり、時給は、東京で1013～1500円程度ですので、1か月でまとまった額の収入になります。

介護施設で働くことの収穫は、お金だけではありません。介護にまつわるさまざまな情報を入手できる可能性があるのです。


パンフレットは立派でも、実際に働いてみると、労働条件が悪く、入居している高齢者への配慮が十分に行き渡っていないという施設もあるでしょう。

こうしたことは、施設見学だけではよくわかりませんが、働く側に立てば経営者の方針も伝わってきて、「見た目と中身」が違うケースも見抜くことができます。

また、働いていると、ほかの従業員たちとも交流ができます。長年同じ施設で働いている人は、経営者の家族構成から普段の生活にいたるまでよく知っていて、同じ職場の仲間として信用されたら話してくれるかもしれません。

さらに、介護の現場で働いている人は、いま働いている施設以外の情報もかなり持っています。「○○苑は、経営者一族が金を握っていて、設備が老朽化している」とか、「△△園の園長はクリスチャンで信心深く、施設は古いけれど温かな人柄で職員にも入居者にも評判がいい」といった、施設見学ではわからないような内部事情まで教えてもらえるケースもあります。


親の介護施設探しだけでなく、自分たちに介護が必要になったときにも、施設で働いていた経験は役に立つでしょう。

50代にとってはまだ先でしょうが、60代、70代と年月を重ねるうちに自身の介護が必要なときがやってきます。あらかじめ介護の現場やその大変さを肌で感じておけば、いざというときにあわてなくてすむのではないでしょうか。

## 「雇用延長」の罠《わな》

「会社に残る」ことのメリット、デメリットを97ページで説明しましたが、「会社に残る」という選択は、一見すると、「会社を辞める」よりリスクが少ないように見えます。でも、本当にそうなのでしょうか。

帝国データバンクによると、新型コロナウイルスの蔓延《まんえん》で、2021年2月時点で、法人および個人事業主の倒産は1000件を超えました。

大手アパレルのレナウンもコロナ破綻《はたん》した企業の1つで、2020年5月15日に民事再生法を申請し、その後、28日には300人の希望退職者の募集を発表しました。会社を民事再生法で立て直すためには、人員削減が不可欠だったからです。

けれど、希望退職者に対する退職金の上乗せなどはなかったので、希望退職に応じたのは200人弱でした。そこで会社は、100人以上を整理解雇することになりました。

レナウンには、社員約900人と約3000人の嘱託従業員、約500人の臨時従業員がいましたが、10月末には民事再生法で会社を再生させる望みが絶たれ、ブランドごとに複数の企業に買い取られ、破産しました。

従業員のなかには、退職金の上乗せはなくても希望退職に応じていればよかった、と思っている人もいることでしょう。

## 払われない給料には、未払賃金の立替払制度を利用

レナウンの場合、新型コロナウイルスの影響で破綻しましたが、それ以前から業績が悪く、いずれ危ないともいわれていました。

いくら大企業でも、その状況しだいで「寄らば大樹の陰」とはいかないのです。

大企業でさえそうですから、中小企業にいたっては、退職金どころか給料そのものが

未払いになる会社がたくさんあります。

そのため、国は**「未払賃金立替払制度」**で、**倒産した企業に勤めていた社員の給料が未払いになっていた場合には、定期給与と退職金の8割までを年齢に応じて88万〜296万円の範囲内で立替払い**をしています。ただし、ボーナスは支払の対象になっていません。

2021年4月から施行された「高年齢者雇用安定法」により、本人が希望すれば、70歳まで会社にいられることになっています。ただし、その前に会社が破綻してしまうということもありえる時代です。

そうなると、「70歳まで雇用延長で働く」という将来設計は崩れ去るでしょう。

## 会社に残っても、切磋琢磨が必要になる

これからの時代における厳しい点は、会社が、**戦力にならない人間は必要ない**と割り切っているところです。

組織に忠誠を誓って働き続けても、最終的にまとまった退職金と年金を手にできるのは、公務員くらいのものでしょう。

民間企業の場合には、これから全面的に能力給を導入していくので、能力があれば給料が上がるかもしれませんが、能力がないとみなされれば、給料はどんどん下がっていく可能性があります。

だとすれば、会社に残るとしても、ボーっとしていてはいられません。日々、努力して能力を磨いていかなくては、会社からお払い箱にされてしまうかもしれません。

最近、希望退職を募ると、比較的若い社員が多く応募する傾向にあるのは、ひと通りの仕事を覚えたら、転職してグレードアップしようという意志の現れでしょう。そういう人たちが、転職先で上司になるかもしれない時代になったということです。

## 共働きこそ最強の老後対策

これまで見てきたように、「会社を辞める」にしろ「会社に残る」にしろ、さまざまなリスクがあります。

それらのリスクを軽減するためには、働き手が一人だけというのは少し心もとないかもしれません。共働き家庭になれば、多少のことがあっても、なんとかやっていける家計ができるでしょう。

ただ、共働きといっても、50代家庭の3割は専業主婦だといわれています。そういった女性は子育てに専念し、働いて稼ぐことから遠ざかっていました。

しかも共働きにならなかった原因は、意外なことに夫にもあるようです。

いまの50代の妻たちは、一度は社会に出て働き、結婚や出産を機に家庭に入ったというのがほとんど。ですから、子供が小学校に入って手が離れた段階で、もう一度パートなどで働こうと考えた人が少なくありません。

ところが夫のほうは、共働きになると、いままで妻任せだった家事や育児を自分も分担しなくてはいけなくなるのではないかとか、家事が手抜きになるのではないかと心配することもしばしば。子供の送り迎えから両親への配慮まですべて妻任せだったので、いまさら役割分担しようといわれてもとまどうばかり。

こうして、「しっかり家を守ってほしい」と、妻の働きたい芽を摘《つ》んできた夫が50代では多いのです。

## 希望と雇用ニーズのズレ

共働きにならなかった原因は、妻のほうにもあります。

バブル経済期の採用だった場合、男女雇用機会均等法施行後の有能な女性が出世できる時代のなかで、働く気力はあったのに子供ができたことでやむなく専業主婦になったという話をよく聞きます。

そういう女性は、子供に手がかからなくなったのを機に、もう一度社会に出て、能力を発揮できるような仕事をしたいと思っていることが少なくありません。

ところが求人情報を見ても、能力の有無にかかわらず、昔の社会経験しかない50代の主婦を受け入れてくれるパートは、意に沿わないものばかり。

雇う側からすれば、経験に関係なくできる仕事から始めてほしいところで、希望とニーズが折り合わず、社会復帰をあきらめてしまうケースも多いのです。

## まず、妻に謝ろう

50代になると、夫と妻のどちらが悪いわけではなく、すれ違いの生活パターンができてしまっている夫婦が少なくありません。しかも、摩擦を避けるために会話を減らし、互いに無関心を装っていると、理解し合うことも難しくなります。

これではとても、妻に「働こう」「稼ごう」という気が起きるわけはありません。

もし、本当に妻に働いてほしいと思ったら、「子供が小さいときに、幼稚園の送り迎えを任せっぱなしですまなかった」など、まずは謝りましょう。

そこから、なぜ自分が会社のことで手一杯だったのか、同僚がリストラされるなかで、どう会社にしがみついてきたのか、いまどれだけ会社でくやしい思いをしているのか、どんな不安を抱えているのかなど、包み隠さず妻に話してみるのです。

華やかなバブル経済期に家庭に入って社会経験の浅い妻にとっては、浦島太郎のように思えるかもしれません。けれど、夫が置かれてきた状況を知り、必死で家族を守るために働いてきたことを理解すれば、夫に対する見方も変わるのではないでしょうか。

妻が夫の心情を理解できれば、「家事は手伝うから、働いてくれないか」という一言で、レジ打ちでも皿洗いでも、できることはやろうという気になるはずです。

「起業」の項でも述べましたが、配偶者は味方になれば大きな戦力です。「夫と一緒にがんばろう」と思えれば、妻も前向きになれるのです。

## 出ていかない子供には「家賃」を払わせる

夫が妻に感謝し、妻が夫に歩み寄って2人で働き、老後を生きていくことになると、残る悩みのタネは子供のこと。

第1章で取り上げたように大学卒業者の約1割が、就職も進学もしていないか正規の雇用ではありません。

いまは、親も老後資金が潤沢ではないので、子供が働かないと、それだけで老後が不安になります。

では、どうすればいいのでしょうか。

一番いいのは、仕事を見つけて家から出ていくことですが、無理に家を追い出したりもできません。

だとしたら、とにかく1つだけ、子供に約束させましょう。

それは、**子供が親に「家賃」を払う**ということです。

## 家にお金を入れる理由を子供に理解させる

以前、CNNで、ニューヨーク州在住の親が30歳のニートの息子を相手取って裁判を起こしたというニュースを見たことがあります。

学校を卒業しても、8年間、仕事をしないで家に住み続けた息子に対して、裁判所が両親の訴えを全面的に認め、ただちに仕事と家を見つけて、実家から出ていくように命じたのです。

さすがに個人主義が徹底しているアメリカでは、「親が成人した子供の面倒をみる」なんてとんでもない。親には親の、子供には子供の人生があるということです。

日本では、さまざまなしがらみがあってこうはいきませんが、病気など働けない理由がないなら、「家に住んでいいから、食費も含めて月5万円の家賃を払いなさい」と宣告し、市販の賃貸契約書に署名させるくらいはできるのではないでしょうか。

働かない原因は個人差がありますので、本人が話したがらなければ無理に親が聞かないほうがいいかもしれません。ただ、**親の収入や生活の実状や、年金暮らしになるとかなり苦しくなることなどは、包み隠さず子供に話しておいたほうがいい**でしょう。そうすれば、**なぜ家にお金を入れなければならないのかを理解する**はずです。

その際、親が子供の仕事の内容についてとやかくいわないことです。まして、無理に就職させようとしてもいけません。

どんな方法でもいいから、家にお金を入れさえすればいいのです。息子なら、道路工事など肉体労働で稼ごうとするかもしれません。娘なら、外食チェーンや接客業の仕事を探すかもしれません。そんなとき、職種についてとやかくいってはダメ。せっかく自主的に考えたことの出鼻をくじいたら、今度は永遠に巣穴から出なくなるかもしれません。

ちなみに、在宅ワークなら、119ページで紹介した「クラウドソーシング」を利用するという手もあるでしょう。仕事の発注者と直接会わなくてもいいので、対面のコミユニケーションが苦手な場合にはぴったりです。

動物が生きていくために一番必要なのは、獲物を自分で捕らえて食べて、飢《う》えないこと。もっとも基本的なことを身につけたら、なんとか子供も1人で生きていけるでしょう。

この章では、50代が直面する状況をもとに、さまざまな働き方の可能性について説明してきました。

次章では、「給与明細書」の各項目を見ながら、使える保障や年金・保険について確認していきましょう。

第４章

# 50歳からの最強の「給与」戦略

## 現状と将来が反映された「給与明細書」

給料をもらっている人は、必ず「給与明細書」を受け取ります。

給与明細書をよく見ない人がいますが、言語道断です。

**給与明細書こそ、現状と将来が映し出されているもの**であり、さらに自分がどこまで公的な制度に守られているかを教えてくれ、家計のやりくりにも役立つからです。

次ページにあげた、部長職Aさんの給与明細書をもとに確認してみましょう。

基本給は、30万円。それに役職手当が15万円、さらに通勤交通費が1万円ついているので、支給額は46万円です。

ただし、この46万円が、まるまる手取りになるわけではありません。各種保険料や税金など、さまざまなものが引かれた残りが支給されます。

ここで、まずチェックしたいのが、**「役職手当」**。部長職のAさんには15万円の役職手

**給与明細書（部長職Aさんの例）**

| | | | | |
|---|---|---|---|---|
| 勤怠 | 出勤日数 19 | 欠勤日数 0 | 有給休暇 1 | 代休日数 |
| | 就業時間 | 早出残業 | 早朝深夜 | |
| 支給額 | 基本給 300,000 | 役職手当 150,000 | 残業手当 | 通勤手当 10,000 |
| | 住宅手当 | 家族手当 | | |
| | 計 460,000 | | | |
| 控除額 | 健康保険 23,124 | 介護保険 4,230 | 厚生年金 43,005 | 雇用保険 1,380 |
| | 所得税 14,790 | 住民税 22,790 | | |
| | 計 109,319 | | | |
| 差引支給額 350,681円 | | | | |

当がついていますが、もし、「役職定年」になると、この15万円はゼロになってしまうかもしれません。

**「通勤手当」**は、実際に会社に通うために必要な交通費ですから、収入にはカウントされません。

つまり、いまの給料は額面で46万円ですが、**役職手当がゼロになると、最悪の場合31万円となり、収入は現在の7割以下にまで目減りしてしまうかもしれない**ということです。

## 国に納める社会保険料は税金の約4倍?!――

収入の次にチェックしたいのが、大幅に差し引かれている**「社会保険料」**です。

社会保険料は、健康保険料、介護保険料、厚生年金保険料、雇用保険料の4つを指しますが、Aさんの場合、合計7万1739円になります。

所得税、住民税の合計が3万7580円ですから、税金の2倍近い社会保険料を支払っているということです。

しかも、これらの社会保険料は、企業側が半分を負担する「労使折半」です。ということは、会社もAさんと同じ7万1739円を支払っているということで、合計すると14万3478円。なんと、Aさんが支払っている**税金の4倍近くのお金が、社会保険料として納められている**ということです。

これらの社会保険料は、Aさんに〝もしも〟のことがあったときに保障するためのものです。それに対して、会社とともにそれぞれ月約7万円の保険料を支払っているのです。

しかも給与明細書からはわかりませんが、Aさんはこれだけ公的保険の保険料を支払っているのに、さらに月3万円前後の民間の生命保険に加入しています。

だとすれば、これだけ支払っている社会保険料を無駄にしないためにも、公的保険の保障をよく理解すれば、民間の生命保険の保障額を減らすことができるのではないでしょうか。

これから、公的保険に含まれる保障について見ていきましょう。

## 「遺族年金」で残された妻の老後もカバー

給与明細書を見て、「厚生年金保険料」の高さに驚かないでしょうか。前述のAさんの場合、厚生年金は毎月4万3005円も引かれているのです。

厚生年金保険料を払うことで、将来、自営業者の年金より高い額の年金を受給できます。目安は、自営業者の年金が月5万円だとしたら、加入している年数やもらっている給料にもよりますが、月15万円前後にはなるはずです。

しかも厚生年金保険料を20年以上支払っている会社員だと、仮に妻が専業主婦で年金保険料をまったく払っていなくても、将来は妻も年金をもらえます。つまり、Aさんが毎月4万3005円を20年以上支払えば、妻が加給年金の対象となり、2人で月に約20万円の年金が支給されます。そう考えると、安くはない厚生年金保険料を毎月支払うのも仕方ないことでしょう。

さらに、**年金には、「老齢年金」「遺族年金」「障害年金」という3つの機能があります。**「老齢年金」とは、老後のための年金。「遺族年金」とは、自分の死後に家族が路頭に迷わないための年金。「障害年金」とは、自分が病気やけがによって生活が制限される場合にもらえる年金です。障害年金の詳細は147ページで説明します。

## 専業主婦や自営業者だった妻が他界しても「遺族年金」が出る

**「遺族年金」**とは、残された家族のために考えられた年金です。

たとえば、会社員の夫が他界し、小さな子供2人と専業主婦の妻が残されると、大黒柱を失った家族は路頭に迷います。そのとき、支給されるのが遺族年金。会社員の場合なら、加入年数やもらっていた給料などにもよりますが、子供が18歳になるまで毎月15

万円前後の遺族年金が支給されます。

他界した夫が住宅ローンを組んでいた場合、たいていはローンを組んだときに加入した団体信用生命保険と相殺されて残債がなくなります。家に住むことができ、毎月15万円前後の年金があれば、残された家族3人、なんとか食べていけるでしょう。

自営業者の場合には、会社員に比べると額は少なくなりますが、それでも、子供2人の場合で毎月10万円くらいは支給されます。


ちなみに、**専業主婦または自営業者だった妻が他界しても、残された夫が会社員で、月収平均が35万円なら、子供が18歳になるまで月10万円前後の遺族年金をもらうことができます。**

また、65歳以上で夫が他界した妻にも、夫の遺族年金が出ます。自分の年金と夫の遺族年金を合わせると11万円前後にはなるので、住宅ローンのない家に住んで食べていくなら、なんとか暮らしていけるはずです。

遺族年金の受給例について次の表にまとめていますが、くわしくは年金事務所などに

## 遺族年金の受給例（2020年度）

《妻の受給例・子供2人のケース》

| | | 夫が自営業者 | 夫が会社員<br>平均標準報酬月額35万円 |
|---|---|---|---|
| 子供*のいる妻 | 子供2人の期間 | 遺族基礎年金<br>月額約10.2万円<br>（年額1,231,500円） | 遺族基礎年金＋遺族厚生年金<br>月額約14.9万円<br>（年額1,792,610円） |
| 子供*のいない妻 | 妻が40歳未満の期間 | 支給なし | 遺族厚生年金<br>月額約4.6万円（年額561,110円） |
| | 妻が40歳〜64歳の期間 | 支給なし | 遺族厚生年金<br>＋中高齢寡婦加算（年額586,300円）<br>月額約9.5万円（年額1,147,410円） |
| | 妻が65歳以降の期間 | 妻の老齢基礎年金<br>月額約6.5万円<br>（年額781,700円） | 遺族厚生年金<br>＋妻の老齢基礎年金（年額781,700円）<br>月額約11.1万円（年額1,342,810円） |

《夫の受給例・子供2人のケース》

| | | 妻が自営業者 | 妻が会社員<br>平均標準報酬月額35万円 |
|---|---|---|---|
| 子供*のいる夫 | 子供2人の期間 | 遺族基礎年金<br>月額約10.2万円<br>（年額1,231,500円） | 遺族基礎年金＋遺族厚生年金**<br>月額約14.9万円<br>（年額1,792,610円） |
| 子供*のいない夫 | 夫が65歳未満の期間 | 支給なし | 遺族厚生年金<br>支給なし |
| | 夫が65歳以降の期間 | 夫の老齢基礎年金<br>月額約6.5万円<br>（年額781,700円） | 夫の老齢基礎年金<br>月額約6.5万円（年額781,700円） |

＊ 子供が年度末に全員18歳を超えた妻は、子供のいない夫と同様の扱いになる

＊＊ 遺族厚生年金は子供に支給

ご確認ください。

## いざというとき頼りになる「障害年金」

**「障害年金」**とは、病気やけがなどによって所定の障害の状態になった者に対して支給される公的年金です。保障される金額は、障害の度合いや家族構成、会社員の場合には給料（前年度の平均月収額）などによっても変わってきます。

障害年金の対象となる等級には第1級と第2級があり（障害基礎年金の場合）、1級は身体の機能でいえば座ったり立ち上がったりすることができないような重い障害で、2級は座ったり立ち上がったりはできるけれど歩くことはできないといった、やや重い障害です。

障害には、けがなどによる外傷のほか、脳や心臓、肝臓などの内臓疾患やうつ病、統合失調症などの精神的疾患なども含まれます。

第2級の場合、自営業者で子供がいなければ月約6万5000円、子供が2人いたら月10万円程度の障害年金が支給されます。

会社員の場合だと、給料（標準報酬月額）と勤務年数によって金額は違ってきますが、たとえば給料が25万円だったら、子供がいなければ月約13万円、子供が1人なら月約15万円、子供が2人いれば月約17万円が、「障害がある」と認定されているあいだは支給されます。給料が35万円なら、25万円の給料の場合の金額に約2万円を上乗せした額、給料が45万円なら、約4万円を上乗せした額が目安です。

会社員の場合には、公的年金だけでなく健康保険からも、病気やけがで会社を休んでいるあいだに「傷病手当金」が支給されます。

傷病手当金については96ページでふれましたが、休職中に給料の3分の2が支給されますので、かなり頼りになるでしょう。

ただし、傷病手当金の日額が障害厚生（基礎）年金の日額より多いときは、その差額が支給されます。

## 50歳からの医療費に高額な保険は不要

男女ともに、身体に変調が出てくるといわれているのが、一般的には45～55歳とされる更年期。この頃から、病院にお世話になる回数も増えます。

医療費が心配で、保障の大きな医療保険に入る人も増えるようですが、ただ、この年代の保険料は、若い世代に比べるとかなり高くなっています。

ここで、もう一度「給与明細書」（141ページ）を確認してみましょう。

手取りで35万円くらいの給料では、「健康保険料」を月に約2万3000円も支払っているのです。この保険料で、どれだけ病気がカバーされるのかを知り、それでも不足

医療費の一部負担(自己負担)割合について

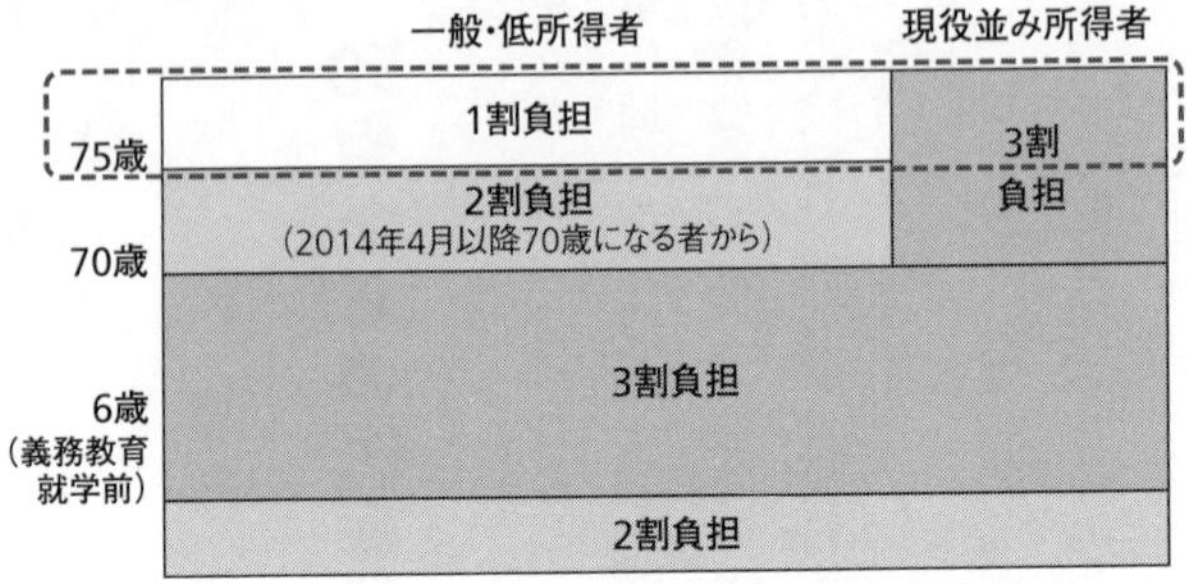


出典:厚生労働省「医療費の自己負担」

するなら民間保険に頼るのが合理的でしょう。

「公的医療保険」では、自己負担額が上の表のように決まっています。

75歳以上の医療費が点線で囲まれているのは、２０２２年10月〜２０２３年３月に、単身世帯年収で２００万円以上の人は２割負担になるという新しい制度が導入される予定だからです。

これを見ると、大部分の医療費は３割負担です。だからといって、１００万円の治療を受けたら３割の30万円を自己負担するということではありません。

**「高額療養費制度」**という、医療費の自己負担を減らす制度があるからです。

**高額療養費制度の仕組み**
**（70歳未満、医療費100万円、年収約370万～約770万円、3割負担の例）**

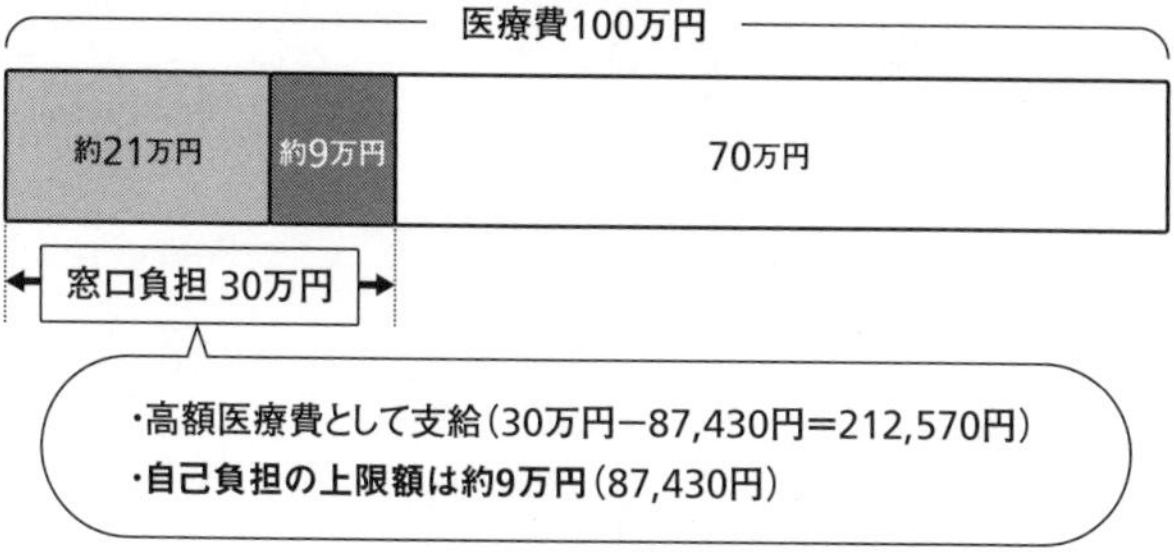


## 公的医療保険には支払い上限がある――

**「高額療養費制度」とは、かかった医療費が一定額以上になったら、越えたぶんが払い戻される制度**です。

具体的には上の表のように、入院して月に100万円の医療費がかかったとすると、病院窓口での自己負担は3割の30万円ですが、年収約370万～約770万円なら、実際の負担額は9万円弱（8万7430円）ですみます。

高額療養費制度で支払いの上限額が決まっているので、いったん30万円を支払っても、請求すれば約21万円が戻ってくるからです。また、あらかじめ手続きをしておけば、請求しなくても窓口で約9万円支払えばいい病院も増えています。

高額医療費の上限額は、収入や年齢によっても変わります。どのくらい変わるかは、次の表に70歳未満と70歳以上とで、年間所得別の上限額のちがいをまとめていますので参考にしてください。

たとえば、70歳未満で医療費3割負担でも、年収が約370万円未満なら、100万円の治療費のうち自己負担は約9万円ではなく、5万7600円になります。かかった医療費が100万円であろうと500万円であろうと、定額で5万7600円です。さらに、住民税非課税に当たるなら、どんなに多額な医療費がかかっても月3万5400円ですみます。

70歳以上になると、年収によって医療費が1割負担、2割負担、3割負担と変わってきます。現役並みの収入がある3割負担だと、高額療養費の上限も現役並みになっています。ただ、年収156万~約370万円だと、月に5万7600円以上は支払わなくてもよくなります。

## 高額療養費制度の上限額

| | | 月単位の上限額 |
| --- | --- | --- |
| 70歳未満 | 年収約1,160万円～<br>健保:標報83万円以上<br>国保:年間所得901万円超 | 252,600円+(医療費−842,000円)×1%<br>[多数回該当:140,100円] |
| | 年収約770万～約1,160万円<br>健保:標報53万～79万円<br>国保:年間所得600～901万円 | 167,400円+(医療費−558,000円)×1%<br>[多数回該当:93,000円] |
| | 年収約370万～約770万円<br>健保:標報28万～50万円<br>国保:年間所得210万～600万円 | 80,100円+(医療費−267,000円)×1%<br>[多数回該当:44,400円] |
| | ～年収約370万円<br>健保:標報26万円以下<br>国保:年間所得210万円以下 | 57,600円<br>[多数回該当:44,400円] |
| | 住民税非課税 | 35,400円<br>[多数回該当:24,600円] |

| | | 外来(個人ごと) | 上限額(世帯ごと) |
| --- | --- | --- | --- |
| 70歳以上 | 年収約1,160万円～<br>健保:標報83万円以上<br>国保:課税所得690万円以上 | 252,600円+(医療費−842,000円)×1%<br>[多数回該当:140,100円] | |
| | 年収約770万～約1,160万円<br>健保:標報53万～79万円<br>国保:課税所得380万円以上 | 167,400円+(医療費−558,000円)×1%<br>[多数回該当:93,000円] | |
| | 年収約370万～約770万円<br>健保:標報28万～50万円<br>国保:課税所得145万円以上 | 80,100円+(医療費−267,000円)×1%<br>[多数回該当:44,400円] | |
| | ～年収約370万円<br>健保:標報26万円以下<br>国保:課税所得145万円未満 | 18,000円<br>(年14.4万円) | 57,600円<br>[多数回該当:<br>44,400円] |
| | 住民税非課税 | 8,000円 | 24,600円 |
| | 住民税非課税(所得が一定以下) | | 15,000円 |

出典:厚生労働省「患者負担割合及び高額療養費自己負担限度額」(2018年8月以降)

前ページの表の中で「多数回該当」とあるのは、4か月目からの金額。つまり、長期入院すると、高額療養費の上限額は下がるということです。たとえば、3割負担で月100万円かかる入院が続いている場合、1~3か月までは約9万円(8万7430円)ですが、4か月目からは4万4400円に下がります。

ですから、月100万円の治療を半年間続けて医療費が600万円かかったとしても、本人の負担は約40万円(39万5490円)ですむということです。

さらに、家族のなかで複数が入院しても、**同じ保険なら家族合算ができるので、全員分の医療費負担額を合計した金額に「高額療養費制度」を適用できます。**

## おもな病気は健康保険で対応できる

「健康保険」や「国民健康保険」は、誰もが入っている公的保険ですが、身近すぎて高度な治療への適用は難しいと思うかもしれません。

たとえば、いま民間の保険会社が盛んに宣伝している「先進医療」に対応する保険。**「先進医療」は、「健康保険」「国民健康保険」の対象外になっています。**

では、「先進医療」とは、どんなものでしょうか。

先進性があると認められて、厚生労働省による一定の基準を満たした治療を指します。ただし、安全性の確保などを考慮すると、いまのところはどこの病院でも受け入れられるものではないという面もあります。

先進医療であっても、どこの病院でも扱えるようになれば公的医療保険の対象になりますし、以前は対象外だった、何千万円もかかる「オプジーボ」「キムリア」といった高価な薬も、条件によっては公的医療保険の対象になってきています。

歯のインプラント治療も、一般の歯科医院で行われるインプラント治療は自由診療なので全額自己負担ですが、疾患や腫瘍《しゅよう》、事故の外傷などによるインプラント治療は、公的医療保険の対象となります。

つまり、「先進医療」とは、技術的には国に認められているけれど、広く使えるようになるにはあと一歩で、早晩、公的医療保険の対象になってくる予備軍のような治療法だと思えばいいでしょう。

厚生労働省の、2019年6月30日時点で実施された先進医療の実績報告を見ると、もっとも多く実施されているのが「多焦点眼内レンズを用いた水晶体再建術」（年間で約3万4000件）、「陽子線治療」（約1300件）、「MRI撮影および超音波検査融合画像に基づく前立腺針生検法」（年間約800件）となっていて、130万人（新型コロナウイルスパンデミック前）といわれる入院患者の全体数からすると、かなり少ないことがわかります。

健康保険の適用範囲

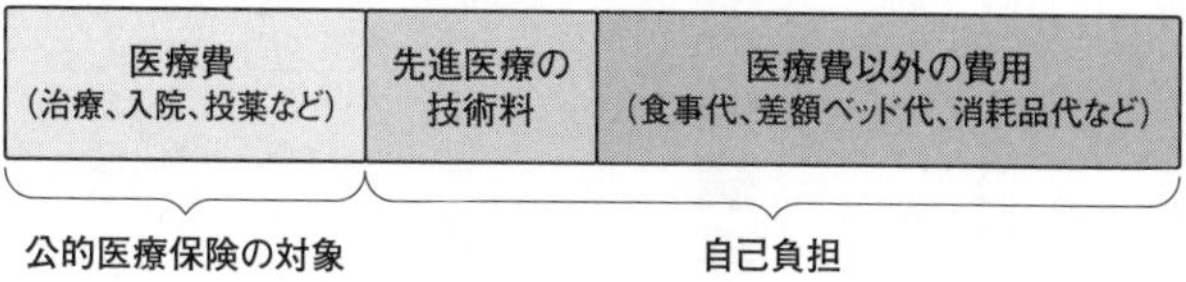


こうして見てくると、おもな病気は健康保険で対応できること、健康保険なら、恐れおののくほど高額な治療費にはならないということがおわかりでしょう。

ちなみに、一般的に治療費がかかると思われているがんでも、治療費の多くを健康保険や国民健康保険でカバーしています。

## 公的医療保険が適用されない費用

治療に関しては、公的医療保険の対象なら「高額療養費制度」があるので、それほど高額にならないことは前項で説明しました。

けれど、公的医療保険が適用されない費用もあります。上の図にあるように、食事代、差額ベッド代、消耗品代など医療費以外の費用には適用されません。食事代は1食460円。1日1380円ですから、1週間入院したら9660円かかります。ただ、食事は入院していなくても必要ですから、余計にかかるというものでもありません。むしろ、1日の食費が1380円というのは、普段の生活とあまり変わらないかもしれません。

差額ベッド代は、保険対象となる5人以上の部屋ならかかりません。個室のベッドを使っても、緊急入院で運び込まれ、ほかの病室が満員で個室しかあいていなかったという場合などには、個室代は差額ベッド代とはみなされずに健康保険対象の費用になります。

## 「傷病手当金」が支給されるケースを知っておく

病気やけがで会社を休むことになると、治療費だけでなく、会社を休んでいるあいだの収入も気になります。

前述したように、会社員が加入する「健康保険」では、病気やけがで会社を休むと、

「**傷病手当金**」が支給されます。健康保険は、会社員だけでなくパートでもかなり加入しています。

**パートでも健康保険に加入していたら、会社をけがや病気で連続して4日以上（待機期間3日）休むと、最長で1年6か月間、給料の3分の2が支給されます。**

たとえば、給料が30万円の会社員が、病気で1か月会社を休んだとします。この場合、1か月（30日）から待機期間の3日を引いた27日が、支給の対象となります。給料30万円だと、1日約1万円ですから、27日で27万円。この3分の2が健康保険から支給されるので、約18万円となります。

病気が長引いてさらに1か月会社を休んだとすると、この場合には待機期間がないので、30日分の約20万円が支給されます。

## うつ病も対象に

最近は、会社での人間関係やストレスなどでうつ病などになる中高年が増えているようです。労災（労働者災害補償保険）の申請件数も中高年が多く、なかには自殺にいたってしまうケースも見受けられます。

一般的な病気やけがに比べて、精神的な病気は、いったん改善したように見えても、再発することがよくあります。

そういうときに必要となってくるのが**「傷病手当金」**です。

たとえば、うつ病になって傷病手当金をもらいながら8か月間会社を休み、病状が改善したので復帰して2か月通ったけれど、また病状が悪化したという場合には、そこから8か月は傷病手当金を再びもらえますので自宅で休養できます。

**「傷病手当金」の支給は最初の支給開始日から1年6か月が限度**なので、再度会社を休んで支給を受けると、その時点でうつ病が治っていなくても8か月で打ち切られてしまいます。

ただ、147ページで説明したように、公的年金には「障害年金」もあるので、うつ病のようなこころの病気もカバーされます。障害年金に認定されているあいだは支給が続くので、傷病手当金が打ち切られても治療することができます。

さらに、仕事や通勤途中に起因したけがや病気については、**「労災保険」**が適用されるケースもあります。

## 民間の「就業不能保険」は待機期間が長い

民間の医療保険にも、病気で入院した場合に支払われる「入院給付金」がありますが、1回の入院で支払われる限度の日数は60日、120日が多く（商品によっては30日、180日、360日、1095日などもあります）、健康保険の「傷病手当金」の最長540日（1年6か月）に比べると、保障期間が短くなります。

しかも、健康保険の「傷病手当金」は、入院しているかどうかにかかわらず会社を休んでいれば支給されますが、民間の医療保険は、基本的には入院していなければ支給されません（最近は、通院だけでも支給される商品も出てきています）。

民間の保険には、「医療保険」のほかに、「就業不能保険」「所得補償保険」「収入保障保険」といった、けがや病気で働くことができなくなったり、死亡または所定の高度障害状態になったりしたときに、入院していなくても支給される保険があります。

たとえば、「就業不能保険」は、対象になると、入院していなくても毎月一定額が給付されます。ただし、就業不能になったからといってすぐに支払われるわけではなく、60日、180日など待機期間があり、その期間に回復していないという医師の診断書が必要です。また、自宅療養が長引く精神疾患は基本的には対象外。うつ病のようなこころの病気も対象という商品もありますが、保険料がかなり高くなります。こう考えると、健康保険に入っていれば、会社員ではそれほど困らない人が多いのではないでしょうか。

## 「介護保険」は老後の強い味方

ここでまた給与明細書（141ページ）を見てみましょう。40歳を過ぎると、「介護保険料」という新たな保険料が追加されて引き落とされます。

日本では、40歳以上になると全員が「介護保険」に加入することになっていて、保険料も40歳から徴収されているからです。

ほかの保険料に比べると引き落とされる金額は少ないですが、介護保険は、老後の大きな安心材料になります。

みなさんは、もし介護が必要な状況になったら、どれくらいのお金が必要になると思いますか?

公益財団法人の生命保険文化センターが行った「世帯主または配偶者が要介護状態になったら、どれだけの資金が必要になると思うか」(「生命保険に関する全国実態調査」2018年)というアンケートによると、必要資金の総額は平均で約3000万円。2人だと、約6000万円ですから大変な金額です。

ところが同じ「生命保険に関する全国実態調査」(2018年)にある、実際にかかった介護費用(一時的な費用と月額費用の合計)をもとに計算すると、平均で約500万円となります。

なぜ、予想と現実のあいだにこんなに金額のギャップがあるのかというと、介護保険で介護費が安くなることを知らない人が多いからです。

## 収入が多くても、支払額には上限がある

介護保険が使えるのは基本的には65歳以上ですが、40〜64歳でも、末期がんや若年性認知症、脳血管疾患などで介護が必要になると、割安で介護サービスを受けられます。

介護保険があれば、介護の状態によって約5万〜約36万円までの介護サービスを、所得によって1〜3割負担で受けられます。

現役並みの収入がある高齢者は3割負担ですが、高齢者の多くは1割負担です。

たとえば、全面的な介助が必要な要介護5の場合、介護サービスの1か月の給付限度額は約36万円ですが、1割負担だとその10分の1の約3万6000円を支払えば、約36万円分のサービスを受けられるということです。

しかも、要介護5で1割負担なら全員が約3万6000円を支払わなくてはいけないわけではありません。次の表のように、収入が少なければ1万5000円でいいケースもあります。

### 高額介護サービスの自己負担上限額

| 対象者 | 2021年7月までの負担の上限(月額) | 2021年8月以降の負担の上限(月額) |
|---|---|---|
| 現役並み所得者がいる世帯 | 44,400円(年収約383万円以上) | 44,400円(年収約383万~約770万円)<br>93,000円(年収約770万~約1,160万円)<br>140,100円(年収約1,160万円以上) |
| 住民税課税者がいる世帯 | 44,400円 | 44,400円(世帯) |
| 世帯全員が住民税非課税者(下記以外) | 24,600円(世帯) | 24,600円(世帯) |
| 前年の合計所得金額と公的年金、収入額の合計が年間80万円以下等 | 24,600円(世帯)<br>15,000円(個人) | 24,600円(世帯)<br>15,000円(個人) |
| 生活保護の受給者等 | 15,000円(個人) | 15,000円(世帯) |

注:「世帯」とは住民基本台帳上の世帯員で介護サービス利用者全員の総負担額上限を指し、「個人」とは介護サービスの利用者本人の負担上限額を指す

出典:厚生労働省「介護報酬改定に向けて」(2021年)を元に作成

また、**現役並みの収入がある3割負担であっても、10万8000円を支払わなくてはならないというわけではありません。**表のように、現役並みの年収約383万~約770万円の場合、支払い上限である4万4400円だけ負担すればいいことになっています。

**2021年度から実施される介護保険制度改正により、高額介護サービス費の負担上限額が変更になります。**これまで「現

役並み所得相当」（年収約383万円以上）なら月額で一律4万4400円でしたが、年収約383万〜約770万円の世帯で月額4万4400円、年収約770万〜約1160万円の世帯で月額9万3000円、年収約1160万円以上の世帯で月額14万100円になります（実施は2021年8月予定）。

さらに、**「高額介護合算療養費制度」**という、1年間にかかった医療費と介護費用の両方を合算して一定額を超えると、申請することで負担額の一部が払い戻される制度があります。

こうした制度を上手に使えば、なんとか介護の負担を乗り越えられるのではないでしょうか。

これから10年ほどは、団塊の世代が後期高齢者になるので日本の介護も大変な状況になりますが、いまの50代が介護を受ける30年後には、特別養護老人ホームなども余っているかもしれませんから、入居の心配は減ると思われます。

## 老後の不安は「退職金」でカバー

ここまで、「給与明細書」を見直して、いかに多くの「公的保険」に支払いをしているかを再認識し、それらを使いこなすことで、自己負担の民間保険などの保障をかなり減らせるということを説明してきました。

しかも、現在の保障だけでなく、将来の「老後の保障」についても、よく考えられているのが日本の公的保険です。

それでもまだ、「老後が不安」という人は、いくらあれば安心なのでしょうか。

実際には、年金でそこそこ生活できる人が多いでしょう。住宅ローンが終わって、子供も社会人になり、夫婦2人だけなら年金の範囲でなんとか暮らしていける人が多いからです。

厚生労働省による「国民生活基礎調査」(2019年)によると、収入が公的年金や恩給

**高齢者世帯における公的年金・恩給の総所得に占める割合**

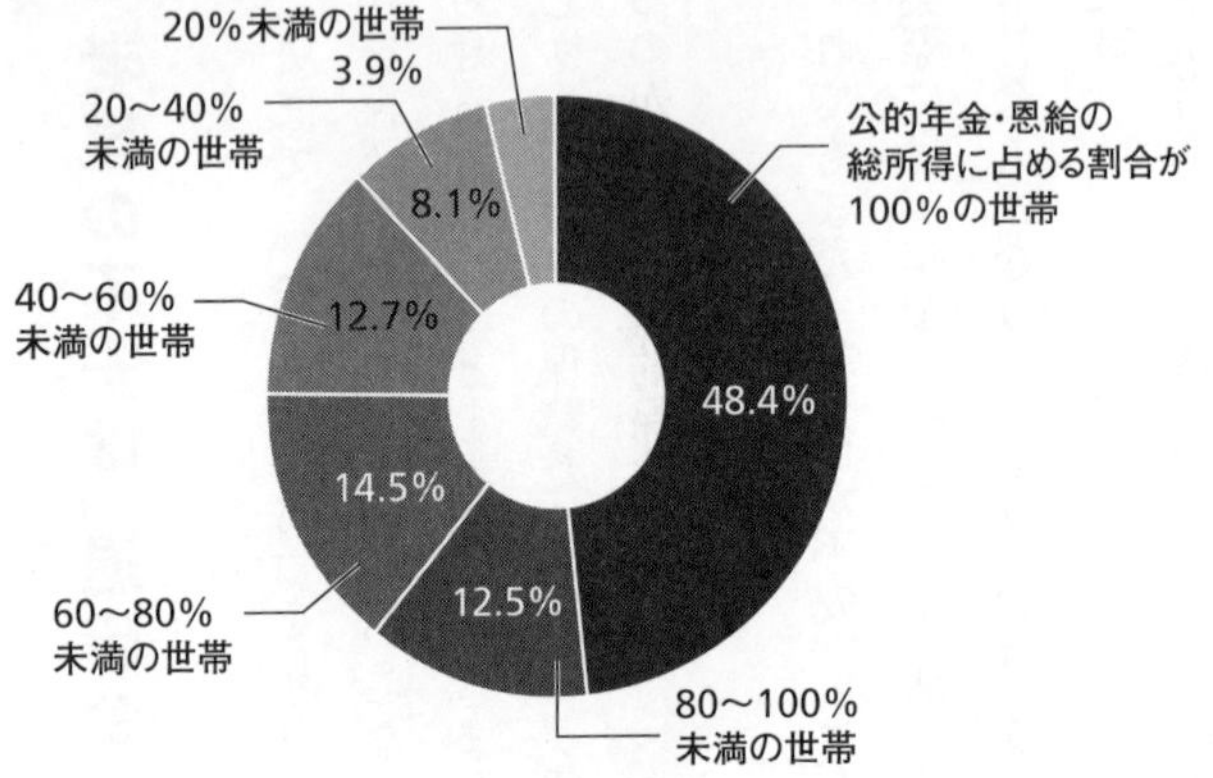


出典：厚生労働省「国民生活基礎調査」（2019年）

だけという高齢者世帯が48・4%と、半数近くを占めています。生活については、「大変ゆとりがある」「ややゆとりがある」「普通」と答えた高齢者世帯が約46%。「やや苦しい」と答えた世帯まで含めると約8割の世帯が、なんとかやっていけている状況のようです。

では、老後で不安なことは何でしょうか。経済面における老後の不安は、大きく分けて2つ。それは、「医療」と「介護」にかかるお金です。

もちろん、第1章で述べたように、老後にはさまざまなリスクがあります。

そのなかで誰もが直面する経済的な大きな不安は、「年をとって病気になったら医療費は大丈夫だろうか」「寝たきりになったら介護費用は大丈夫だろうか」ということでしょう。

この2つについては、すでにお話ししてきました。

病気になっても、公的な保障を使えば、自己負担を大きく抑えることができます。それは、**「高額療養費制度」**があるからです。

とくにこの制度では、高齢になって費用がかかるようになるほど自己負担は少なくなります。

ですから、**老後の医療費については、2人で100万円か、心配なら200万円程度を確保しておけばいいでしょう。**

そもそも、いまは病院も、長期になるときは入院ではなく介護扱いになることが多いからです。

では、介護についてはどうでしょうか。

163ページで紹介したように、介護用に準備しておきたいのは、実際にかかる平均的な費用の1人約500万円。2人だと約1000万円ということになります。

もちろん、介護をされないまま亡くなる場合もあれば、寝たきり状態が長引き、500万円以上かかるかもしれません。

どうなるかは、「神のみぞ知る」ですから、とりあえず平均的な額を確保しておけば、それなりに対応できるはずです。

もし、これでも足りないとなれば、持ち家がある人は最終的には住んでいる家を処分するという手段もあります。

医療費と介護費を合わせて2人で1200万円くらいとわかれば、あらかじめ1200万円を見越して、生活費から切り離して貯蓄しておきましょう。

繰り返しになりますが、医療も介護も個人差があり、病気もせず介護もないままかもしれません。あるいは、長期にわたって病気と闘うことになるかもしれません。

では、病気や介護に備えて、いまから保険でカバーしたほうがいいのでしょうか、それとも現金で持っていたほうがいいのでしょうか。

50歳で介護のための保険に入って、月に3万円ずつ民間保険会社に支払うと、65歳までの15年間の総支払額は540万円になります。

もし、65歳までに介護が必要な状況になれば、保険のほうが有効だったといえるかもしれません。けれど、もし65歳まで介護が必要ではなかったら、540万円を現金で持っていたほうがよかったということになりそうです。

現金なら、介護以外にも、子供の結婚資金や思わぬ借金の返済などいろいろなものに使えるからです。

1200万円なら、退職金でカバーできる場合も多いのではないでしょうか。次ページの表は、企業規模別の退職金の相場です。

不安なら、退職金には手をつけずに銀行に置いておいて、生活は年金で営んでいくことにしましょう。

**企業規模別の退職金**
**（大卒・勤続年数35年以上）**

| 企業規模（人） | 退職金の平均額（円） |
|---|---|
| 1000以上 | 2,435万 |
| 300〜999 | 1,957万 |
| 100〜299 | 1,785万 |
| 30〜99 | 1,501万 |
| 全体 | 2,173万 |

出典：厚生労働省「就労条件総合調査」（2018年）

大切なのは、いまから「年金だけで暮らせる家計」にシェイプアップしておくこと。次章では、そのために必要な考え方について説明します。

# 第 5 章

# 50歳からの最強の「家計」戦略

## 定年までに「年金だけで暮らせる家計」を

会社に残るにしても独立するにしても、家計がぐらついていては、老後も不安定になりかねません。

**基本は、「どう転んでも大丈夫」という家計をつくっておくことです。**

そのためにまずやらなくてはいけないのは、現在の資産状況がどうなっているのかを知ることです。

事業を行っていれば、いつ危機に見舞われるかわからないので、常に資産状況をチェックしている人が多いでしょう。一方、会社員だと、給料日に決まった額が振り込まれるという生活に慣れていて、資産状況のチェックがおろそかになりがちです。

まずは、いま自分が置かれている状況をしっかり確認しましょう。はじめに、177～176ページの「資産の棚卸しチェックシート」を参考にして、いま持っているプラスの資産とマイナスの資産（負債）を書き出してみましょう。

**「資産の棚卸しチェックシート」は、必ずひと目でわかるように書くこと。**ノートなら、見開きで書き出してみましょう。

プラスの資産とマイナスの資産をひと目で把握することができれば、現状の家計がすぐわかります。プラスの資産のほうが多ければ、それほどあわてることはありません。けれど、もしマイナスの資産（負債）のほうが多かったら、早く返済しないと家計は安定しません。

ローン、クレジット、キャッシングと呼び名はさまざまでも、要はすべて借金です。借りたお金は、いずれ返さなくてはなりません。だとしたら、家計にゆとりがあるうちに返済することが大切です。

すべての資産を書き出してみると、住宅ローンが思っていた額よりだいぶ残っていたり、資産より負債が大きかったりと、不安になる要素が見えてくるかもしれません。

| 不動産 | 場所 | 種類 | 面積 | 評価額（円） |
|---|---|---|---|---|
| | 埼玉 | 中古一戸建て | 83㎡ | |
| | | 土地 | 123㎡ | 3200万 |
| | 神奈川 | マンション | | 3500万（ローン2500万円） |
| | | | | |
| | | | | |
| | | | | |
| | 不動産小計 | | | 6700万 円 |

Ⓒ

| 車・貴金属類 | 種類 | 名義人 | 数量 | 時価（円） |
|---|---|---|---|---|
| | 車 | 高津敦也 | 1 | 100万 |
| | 宝石（指輪） | 高津智子 | 3 | 120万 |
| | | | | |
| | | | | |
| | | | | |
| | | | | |
| | 車、貴金属類小計 | | | 220万 円 |

Ⓓ

| 負債 | 借入先 | 種類 | 金利 | 残高（円） |
|---|---|---|---|---|
| | ○○銀行 | 住宅ローン | 1.2% | 2000万 |
| | ××銀行 | カードローン | 14% | 20万 |
| | | | | |
| | | | | |
| | 負債小計 | | | 2020万 円 |

Ⓔ

## 資産の棚卸しチェックシート

| 貯蓄・投資信託・株式など | 金融機関 | 種類 | 名義人 | 金額(円) |
|---|---|---|---|---|
| | ○○銀行 | 普通 | 高津敦也 | 100万 |
| | ××銀行 | 定期 | 高津敦也 | 200万 |
| | ○○銀行 | 定期 | 高津智子 | 200万 |
| | ●●証券 | 投資信託 | 高津智子 | 50万 |
| | | | | |
| | | | | |
| | | | | |
| | | | | |
| | 貯蓄・投資信託・株式など小計 | | | 550万 円 ─Ⓐ |

| 保険 | 保険会社 | 保険の種類 | 被保険者 | 解約返戻金(円) |
|---|---|---|---|---|
| | ○○生命 | 終身 | 高津敦也 | 40万 |
| | △△生命 | がん | 高津敦也 | 18万 |
| | ××生命 | 終身 | 高津智子 | 20万 |
| | | | | |
| | | | | |
| | | | | |
| | | | | |
| | 保険小計 | | | 78万 円 ─Ⓑ |

合計(Ⓐ+Ⓑ+Ⓒ+Ⓓ−Ⓔ) 2021年 8 月 1 日 現在

5528万 円 ＝ **今ある資産**

正確な資産状況がわかっただけでも、大きな収穫。早く自覚すればするほど、適切な対策が立てられるからです。

## 「資産の見直し」は夫婦や家族全員で！

「資産の見直し」は、必ず夫婦もしくは家族と一緒に行いましょう。家族全員が家計の状況を知っていないと、適切な対策が立てられないからです。

資産家で、家族それぞれに十分な貯蓄があるなら問題ありませんが、ほとんどの家庭はそうではないはず。

だからこそ家計については、家族全員で話さなくてはいけないのです。

家族に隠れて借金をしていたら、これを機に謝罪してオープンにしましょう。借金が雪だるま式にふくらみ、一家離散の危機になる前にやるのです！

「資産の棚卸しチェックシート」を作成して、資産について共通認識ができれば、「まだ住宅ローンがかなり残っている」「保険が多すぎて、貯蓄ができていない」「投資商品は多いのに、現金が少なすぎる」など、さまざまなことがわかってきます。

そうなれば、「低金利の預金を取り崩して繰り上げ返済しよう」「パートで稼いだぶんは住宅ローンを減らすのに使いましょう」とか、家族のなかで具体的な対策が出てくるでしょう。

子供だって、「家がこんなに大変なら、がんばって国立大学に行かなくちゃ」と思うかもしれません。


この先、どういう方向でどのような努力が必要なのか、家族それぞれがやるべき役割を理解すれば、マイナスの資産状況も改善し、家族の団結も強まります。

そのことがやがて、家計の安定と家族の絆《きずな》の強化につながっていくはずです。

## 毎月の出費を見直し、家計を安定させる

「資産の棚卸しチェックシート」をもとに資産の見直しをすると、たいていの家庭は、「大変だ、なんとかしなくちゃ」となるのではないでしょうか。

そこで、どこを工夫して家計を盤石《ばんじゃく》にするかを考えるために、次ページのように1か月の家計の収支を書き出してみましょう。ここにあげた収支表は、会社員の夫、専業主婦の妻、子供1人という3人世帯の例（ボーナス支給月）です。

収支表をもとに世帯内でどんな出費があるのかを確認し、それが実際にどれくらいまで抑えられそうか家族で考えてみるのです。家計簿をつけていなくても、1か月だけでいいので領収書を集めて、あらゆる出費を書き出してみてください。

具体的に毎月の出費を書き出してみると、自分が予想していたよりも出費額が多いことに気づくのではないでしょうか。頭の中では物事を都合よく考えがちなので、実際に

数字で見ると、イメージと違うことが多いからです。

大切なのは、**少なくとも現在の収入で赤字を出さない家計になっていること**。ボーナスで赤字を補填《ほてん》しているような家計は、要注意です。

コロナ禍が長引き、業種によってはボーナスカットもありえます。そうなると、すぐ

家計収支表

| 収支内訳 | |
|---|---|
| **月間収入（手取り）** | |
| 夫 | 280,000 |
| 児童手当 | 15,000 |
| **月間支出** | |
| 住居費 | 90,000 |
| 食費 | 40,000 |
| 水道・光熱費 | 15,000 |
| 通信費 | 20,000 |
| 医療・衛生費 | 5,000 |
| 被服費 | 5,000 |
| 交際費 | 10,000 |
| 日用品・雑費 | 10,000 |
| 保険 | 30,000 |
| 小遣い（夫） | 30,000 |
| 小遣い（妻） | 5,000 |
| 交通費 | 15,000 |
| 教育費 | 20,000 |
| 貯蓄 | 0 |
| **ボーナス収入** | |
| 夫（手取り） | 600,000 |
| **ボーナス支出** | |
| 生活費・貯蓄など | 400,000 |
| **収入合計** | **895,000** |
| **支出合計** | **695,000** |

に家計が火の車になってしまうでしょう。

## 最低でも給料の1割の貯蓄を目指す

理想の家計は、毎月の生活費を収入の8割程度に抑えることです。収入の8割で生活できれば、残りの2割は貯蓄に回すことができます。

ただ、2割を貯蓄に回すのは、収入が少ない家庭ほど難しいものです。**とりあえずは収入の1割の貯蓄を目指しましょう。**

前ページの収支表でいえば、現状のゼロから約3万円の貯蓄を目指すということです。

「給与明細書」の見方で説明したように、毎月の給料から差し引かれる社会保険料はかなり高額です。だとしたら、公的保障をフルに使い、民間保障は補完的なものとすれば、毎月の保険料を3万円から1万円に下げることも可能でしょう。

さらにインターネットプロバイダーやスマホなどをもっと安いものに変更して「通信費」を5000円ほど減らし、「日用品・雑費」を半分の5000円に圧縮できれば、毎月3万円の貯蓄は可能になるはずです。

家族で一緒に毎月の出費を見ながら、みんなで「思ったよりも通信費がかかっているね」「電気代、気をつけないと」など話し合えれば、家計のスリム化の半分は達成されたようなものです。

新型コロナウイルスが終息しても、給料が上がるという保障はありません。また、いま児童手当をもらっていたとしても、子供が中学校を卒業すれば給付されなくなります。だとすれば、細かなところからコツコツと節約し、いざというときに困らない家計にしておくべきでしょう。

## 節約は「男の視点」と「女の視点」で相乗効果

節約しようと思ったら、ひとりでがんばっても難しいでしょう。妻が電気を消して歩くあとから、夫が電気をつけていくような家庭だと、節約にならないからです。資産チェックと同様に、毎月の出費の見直しも夫婦や家族みんなでやれば、効果はかなり上がりますが、一人だけでは限界があります。

大切なのは、**同じ目標を持ちながら、家計の節約については役割分担をする**ことです。

多くの女性は、スーパーの安い時間帯に買い物に行ったり、チラシを見ながら特売品を選んだりといった細かい節約についてはかなり得意です。けれど、住宅ローンや生命保険のような大きな節約になると、数字がたくさん並んでいるだけで面倒になり、あきらめてしまう人もいます。

一方、男性は、買い物など細かい節約が苦手な人が多いですが、会社で事業計画を立てたり予算の内訳を考えたりなど数字を扱っているケースがよくあり、なかには経費削減を担当している場合もあります。ですから、何をどうすべきかという目的がはっきりすれば、集中的にその攻略方法を考えられる人が多いのです。

女性のこまやかな視点と男性の大きな視点が合わされば、相乗効果で、コツコツ節約をしながら、必要のないものはバッサリ落とせる家計のスリム化ができます。

## 「中年の危機」を乗り越える

夫と妻が役割分担して家計のスリム化に取り組むと、夫婦仲も改善されます。

専業主婦が50代になると、それまで受験や就職で大変だった子供も手を離れ、自分の時間を持てるようになります。そうなると、目的を失って何をしていいのかわからなくなったり、急に寂しさがつのったり、自信がなくなったり、将来のことでなんとなく不安になったりする人も多いようです。

こうした不安や葛藤は男性にも多くあって、とくに役職定年でそれまでの仕事がなくなったり、仕事の質が変化して自分の評価が下がったりしているような不安に駆られるケースが少なくないそうです。

アメリカの心理学者ダニエル・レビンソンやカナダの精神分析学者エリオット・ジャックは、これを「中年の危機《ミッドライフクライシス》」と呼び、中年期にある人の80％が直面する問題といっています。

## 「豊かな老後」を共通の目標に

こうした「中年の危機」を乗り越えるには、それまでの人生で不満がある部分を修正したり、新しい可能性を試みたりすることが大切です。

男性の場合、結婚後は家庭生活が後回しになっていて、夫婦がお互いに不満を蓄積してしまい、離婚にいたるというケースも少なくありません。

ただ、第1章の「結婚生活の波乱」の項（36ページ）でも取り上げましたが、2人ならなんとか年金で暮らしていくことも可能ですが、離婚分割で年金を分けて、それぞれが新しい生活を始めても共倒れになるのは目に見えています。

もともと、好きで一緒になって何十年も暮らしてきたはずです。夫と妻の共通の目標が「豊かな老後」だとしたら、そこに照準を定めて家計の危機を共有すれば、やるべきは**「それぞれの役割分担を決めて家計を好転させる」**ことだと自然と見えてくるでしょう。

少しずつでも家計が改善していくと、将来への安心感と相互の信頼が増し、2人で過ごす老後へのビジョンが現実的に描けるようになるでしょう。

## 親の介護費用も「医療費控除」を活用

会社員なら、年末の「源泉徴収」で税金などの精算をしますが、そこで返ってこない税金は、翌年に「確定申告」で戻してもらうことができます。

不動産を売却したり副業で20万円以上稼いだりしたという人は確定申告しなくてはいけませんが、それ以外に、義務ではないものの、確定申告したほうがトクな場合があります。

それは、**医療費が年間に10万円以上かかった（医療費控除）**、**ふるさと納税などの寄付を行った（寄附金控除）**、**災害や盗難にあった（雑損控除）**、**ローンを組んでマイホームを購入した（住宅ローン控除・初回だけ税務署へ）**などです。

また、年の途中で会社を退社し、在籍中にたくさん所得税や住民税を払っていた人も、年末調整をしていなければ、確定申告で払いすぎの税金が戻ってくるかもしれません。

これらのなかで、もっとも身近なものが**「医療費控除」**です。

「医療費控除」は、年間に使った医療費が10万円以上かかったら、200万円を限度に10万円を超えたぶんが所得控除されるというもの。

医師の治療や入院でかかった自己負担分はもちろんですが、薬局で買った風邪薬、治療のためのハリ、灸《きゅう》、マッサージ、子供の歯の矯正費用（大人は美容整形とみなされるので対象外）など、かなり多くのものが対象になります。

## 夜間のオムツ交換や訪問入浴サービスなど介護費用も対象

じつは意外と知られていないのが、**介護費用も「医療費控除」になる**こと。

対象となるのは、介護費用のうち、**介護保険を使った場合の「施設サービスの対価」と「居宅サービス等の対価」**です。

前者の「施設」で対象となるのは、特別養護老人ホーム（特養）、指定地域密着型介護老人福祉施設、介護老人保健施設、指定介護療用型医療施設などです。特別養護老人ホームや指定地域密着型介護老人福祉施設については、介護保険で提供される施設サービス費（介護費、食費、居住費）のうち、自己負担分の2分の1が対象となります。

介護老人保健施設、指定介護療養型医療施設では、介護保険で提供される施設サービス費（介護費、食費、居住費）のうち、自己負担分が医療費控除の対象です。

在宅で、介護保険制度を使ってサービスを受けている人は、訪問看護や訪問リハビリテーション、医療機関でのデイサービスやショートステイ（短期入所療養介護）など、かなり幅広いサービスで自己負担分を医療費控除できます。

また、医療費控除対象の居宅サービスとセットなら、夜間のオムツ交換や訪問入浴サービスなども対象になります。

ただし、福祉用具の貸し出し料金や生活援助のサービスなどは対象外となっています。

介護は、平均で約5年かかるといわれています。保険でまかなえる部分は医療費控除の対象になりませんが、自己負担もかなり多くなるケースがあるので、家族を介護して

### 医療費控除の対象となる居宅サービス等

| 居宅サービス等の種類 |
| --- |
| 訪問看護 |
| 介護予防訪問看護 |
| 訪問リハビリテーション |
| 介護予防訪問リハビリテーション |
| 居宅療養管理指導(医師等による管理・指導) |
| 介護予防居宅療養管理指導 |
| 通所リハビリテーション(医療機関でのデイサービス) |
| 介護予防通所リハビリテーション |
| 短期入所療養介護(ショートステイ) |
| 介護予防短期入所療養介護 |
| 定期巡回・随時対応型訪問介護看護(一体型事業所で訪問看護を利用する場合に限る) |
| 複合型サービス(上記の居宅サービスを含む組み合わせにより提供されるもの[生活援助中心型の訪問介護の部分を除外]に限る) |

出典:国税庁「タックスアンサー/所得税」(2020年)

いるなら、戻してもらえる税金はしっかり申告しましょう。

医療費控除の確定申告は、世帯のなかで一番税率が高い人が家族分をまとめて申告すると、戻ってくる税金が高くなります。

上の表の「医療費控除の対象となる居宅サービス等」を参考にしてください。

国税庁ホームページにある「確定申告書作成コーナー」では、画面の案内に従って金額等を入力すれば申告書を作成できるので便利です。

## 「介護離職」はこれで乗り切る！

親の介護で仕事を続けるのが大変だという人は、数多くいます。総務省が行っている「就業構造基本調査」(2017年)によると、2016年10月～2017年9月までの1年間で「介護離職」した人は全国で約10万人います。

安倍政権は「介護離職ゼロ」を目指しましたが、その成果が見えないだけでなく、2021年の制度改革では、訪問介護の生活援助の縮小や利用者の自己負担分を増やす方向での論議が進められています。団塊の世代が続々と後期高齢者になってくると、「ゼロ」どころか、ますます介護離職は増えそうです。

ただ、介護で会社を辞めるのはなるべく避けたいもの。親の介護はいずれ終わりますが、その後で再就職しようと思っても、もとの会社に戻るのは難しく、たとえ戻れたとしても、同じような待遇で働くことは困難でしょう。年齢的なものだけでなく、仕事のブランクもあるので、雇う側もとまどうからです。

ですから、会社を辞めなくてすむように、使える休暇はすべて利用しながら、仕事と介護をなんとか両立させましょう。

## 「介護休業」は最長93日、給料の3分の2が支給

介護と仕事を両立させるためには、まずは介護が必要な家族を預ける施設を探さなくてはいけません。デイケアなど日中だけ預けられるところを利用する方法もありますが、介護される側が夜間も目を離せないような状態だと睡眠時間が削られて、仕事に支障をきたす恐れがあります。

また、そういった施設を腰を据えて探すためには、会社を休まなくてはならないケースも出てきます。

そんなときに使えるのが、**「介護休業」「介護休暇」**です。

それ以外にも、「短時間勤務等の措置」「所定外労働の制限（残業免除）」「時間外労働の制限」「深夜業の制限」などさまざまな制度がありますから、まず勤めている会社で聞

いてみてください。

ここでは、「介護休業」と「介護休暇」について説明します。

**「介護休業」は、自分の両親だけでなく、配偶者の両親や子や孫、兄弟姉妹などが2週間以上にわたって介護が必要な状況になったときに取得できる休暇**で、通算で最長93日まで、対象家族1人に対して3回までとれます。

パートやアルバイトでも、入社1年以上働いているなどいくつかの条件を満たせば、介護休業を使えます。休業中は、会社から給料は出ませんが、会社が最寄りのハローワークに申請すれば、「介護休業給付金」が支給されます。

上限がありますが、支給額は、給料の約3分の2。給料が月30万円だったら、1か月休むと約20万円支給されるということになります。

**介護休業は、3回に分けて取得できるので、介護でまとまった時間が欲しいときに使うといいでしょう。**

「介護休暇」は、対象家族1人につき年5日、2人以上なら10日まで取得できます。**介護休暇には給付金がありませんが、2021年より1時間単位で取得できる**ようになりました。ケアマネージャーとの打ち合わせで、出社時間を1時間遅らせるといった場合には便利です。1日8時間勤務の中で1時間ずつとして、8時間×5日ぶんで合計40回(40時間ぶん)とれるからです。ただし、仕事の最中に1時間だけ抜けて取得する、いわゆる〝中抜け〟は、基本的にはできません。

介護休暇は無給ですが、会社によっては有給のところもあると聞きますので、くわしくは勤務先に確認してみてください。

## 「就職支援」で介護のスペシャリストになる

「介護離職」は、しないに越したことはありません。

ただ、そうはいっても、介護を必要としているのが大切な両親や配偶者、子供などで、少しでもそばにいたいという気持ちはわかります。

だとすれば、ここで方向転換をして、会社を辞めて介護のスペシャリストになるという道もあることを覚えておいたほうがいいでしょう。

厚生労働省は、幅広い人材が介護分野で働けるように、**「介護職就職支援金貸付事業」**を創設し、2021年4月からスタートさせました。対象者は、介護職の経験がない人で、いまのところ都道府県の任意事業ではありますが、介護人材の不足はどこでも共通なので、多くの職場で導入される見込みです。

この事業では、ハローワークが資格取得から就職までまとめて支援してくれます。

まず、**介護資格を取るための研修が無料で受講**できます。さらに、研修中も失業手当はそのまま支給されます。失業手当がなくても、支給要件を満たせば、月10万円の給付金や研修のための交通費が支給されます。

研修は2〜6か月間で、修了後、介護施設などに就職すると、通勤用に自転車を買うなど再就職の準備資金として最大20万円の融資を受けることができます。

この融資は、2年間介護職を続ければ、返済しなくてもいいことになっています。

## さまざまな融資制度を活用しよう

2021年4月から始まったのは介護職未経験者向けの支援ですが、すでに介護職の実務経験がある人が復職するための**「離職介護人材再就職準備金貸付事業」**は、それ以前より実施されています。

介護の資格を持ち1年以上の実務経験があるけれど、さまざまな事情でいまは介護業界で働いていないという人が対象者です。

条件を満たした人が介護の仕事に復職すると、再就職準備金として最大40万円が融資されます。この融資は、2年間介護施設などに勤めれば、返済しなくてもいいことになっています。窓口となっているのは、地域の社会福祉協議会です。

さらに、介護関連では、**「介護福祉士」**という国家資格があります。

介護福祉士の資格があると、資格手当がついて給料がアップする可能性が高いだけでなく、職場のリーダー的な立場で働けるケースが多くなります。また、国家資格なので、全国どこでも通用します。

この資格を取得するには、3年以上の実務経験者が「介護福祉士実務者研修」を修了したうえで受験するか、あるいは養成校に2年通うなどいくつかの方法で受験資格を得てから試験を受けます。

早く資格を取得するために養成校に通いたいが、受講料がネックになっている場合には「介護福祉士等修学資金貸付制度」があり、入学準備金20万円と受講費用の月5万円、卒業時に就職準備金20万円、受験費用4万円をいずれも適用範囲内で融資してもらえます。

2年制の養成校なら、あらかじめ決められた融資額は最高126万円になりますが、卒業後、5年間地域の介護施設で勤めれば、こちらも全額返済免除となります。

介護の仕事は体力勝負なので、50歳からでは難しいと思うかもしれませんが、いまは技術もかなり進んでいます。

先日、ある介護施設で介護ロボット《マッスルスーツ》を装着させてもらって高齢者を抱き上げてみたのですが、思いのほか楽々と抱えることができて驚きました。

介護業界は離職率が高く、その理由の半分は腰痛にあるといわれていますが、こうした設備が普及すれば、介護業界も大きく変わるでしょう。

そういう意味でも、注目されている職場です。

## 「有給休暇」を取得させないと事業主に罰則

「介護休業」や「介護休暇」をすでに取得してしまったなら、**「有給休暇」**が残っていないか確認してみましょう。

従業員に有給休暇を取得させることは、２０１９年4月から**罰則付きの「義務」**になりました。有給休暇を年間10日以上とる権利がある従業員に対して、会社が年間5日以上取得させなければ、事業主は従業員人1人につき30万円以下の罰金を支払わなくてはならなくなったのです。

もし、そうした従業員が10人いたら最大300万円の罰金となるので、事業主は痛い出費になるはずです。

ところが、中小企業などでは、新しくできた法律を知らない経営者も多いようで、日本商工会議所が行った「働き方改革関連法への準備状況などによる調査」（2018年調査、2019年公表）によると、有給休暇の取得が雇用主の罰則付き義務になったのを知らない経営者が約4分の1います。とくに、小規模企業では知らない経営者が多く、従業員50人以下の企業だと、知らない経営者が約3分の1以上いました。

そもそも「有給休暇」とは、労働基準法第39条に定められている、休んでも会社が給料を払ってくれる休暇。正社員だけでなく、パートタイムでも取得できるケースが多くありますが、本人でも知らないことがよくあります。しかも、パートで年間10日以上の有給休暇をとれる場合、正社員同様に、事業主は有給休暇を取得させないと罰則の対象となります。

## パートタイムでも有給休暇の対象に

正社員は、会社に勤めて6か月以上たち、出勤日数の8割以上働いていれば、年間10日の「有給休暇（年次有給休暇＝年休）」を取得できます。この有給休暇は、その後1年継続して働くごとに増えて、6年6か月を過ぎると年間20日になります。パートタイムでも正社員同様に働いている人は、正社員と同じ日数の有給休暇を取得できます。

じつは、**フルタイムでなくても6か月以上継続して働いているパートは、日数はフルタイムのパートより減りますが、有給休暇をとることができる**のです。

次の表にあるように、週に4日働いているパートだと、働きはじめて6か月が過ぎれば年間7日の有給休暇を取得できます。その後、長く働くごとに日数が増えて、3年6か月を過ぎると、年間の有給休暇は10日になります。そうなると、前述の有給休暇取得の義務化の罰則対象となってきます。

週に3日働いているパートでも、働いて6か月過ぎれば年間5日間の有給休暇を取得

## 年5日以上の有給休暇取得義務化の対象労働者

（網掛け） ＝ 年5日以上の有給休暇取得義務化の対象労働者

労働時間が週30時間以上または週5日以上の場合（正社員など）

| 勤続年数 | 6か月 | 1年6か月 | 2年6か月 | 3年6か月 | 4年6か月 | 5年6か月 | 6年6か月 |
|---|---|---|---|---|---|---|---|
| 付与年数 | 10日 | 11日 | 12日 | 14日 | 16日 | 18日 | 20日 |

労働時間が週30時間未満で週1〜4日の場合

| 勤続年数／労働日数* | 6か月 | 1年6か月 | 2年6か月 | 3年6か月 | 4年6か月 | 5年6か月 | 6年6か月 |
|---|---|---|---|---|---|---|---|
| 週4日（年169〜216日） | 7日 | 8日 | 9日 | 10日 | 12日 | 13日 | 15日 |
| 週3日（年121〜168日） | 5日 | 6日 | 6日 | 8日 | 9日 | 10日 | 11日 |
| 週2日（年73〜120日） | 3日 | 4日 | 4日 | 5日 | 6日 | 6日 | 7日 |
| 週1日（年43〜72日） | 1日 | 2日 | 2日 | 2日 | 3日 | 3日 | 3日 |

＊（　）は年所定労働日数

でき、その後は長く働くごとに日数が増えていきます。5年6か月を過ぎると、年間の有給休暇は10日になり、義務化の罰則対象となります。

ただし、週1日と週2日のパートについては、長期で働いても有給休暇は10日を超えないので罰則の対象とはなりません。

## 「二世帯住宅」が老後の収入に?!

50代になると、相続のことも気になってきます。とくに、地価の高いエリアに家があると、多額の相続税を取られるのではないかと不安になります。

親が亡くなる直前に、親と一緒に住んでいた自宅の敷地や事業をしていた宅地は、一定の要件を満たせば、相続での評価額が最大8割下がります。これは、「小規模宅地の特例」といって、住宅なら330㎡(100坪弱)までの土地は減額率80%となっています。

たとえば、父親が家と土地を持っていたとします。土地は、評価額が坪100万円で100坪弱(約330㎡)あるので約1億円。土地の上に建つ建物は評価額1500万円だとすると、合わせて約1億1500万円。

これを、ひとり息子が相続すると(母親はすでに他界)、父親と同居していない場合には、相続税の1670万円を現金で収めなくてはなりません。

けれど、もしこの息子が父親と同居していると、事情は変わってきます。前述の「小規模宅地の特例」で土地の評価額が8割引の2000万円になるからです。

ですから、土地の2000万円に家屋の1500万円を足して3500万円を相続することになります。息子が一人で相続すると、基礎控除が3600万円あるので、これを差し引けば課税遺産は0円ということになり、税金を支払わなくてもよくなるのです。

## 「小規模宅地の特例」を使える場合とダメな場合

最近は、「二世帯住宅」を建てて親と同居するパターンも増えています。

親が所有する土地に二世帯住宅を建てて同居した場合、物件の登記上の持ち主が親なら、親が他界して子供が相続する際に「小規模宅地の特例」を使えるので、相続税は安くなります。

これなら、地価が高いエリアにあっても、相続税についてそれほど心配することはないでしょう。

注意しなくてはいけないのは、二世帯住宅の登記のやり方。たとえば1階は親の所有として登記し、二階を子供の所有として登記すると、親と「同居」しているとみなされず、「小規模宅地の特例」は受けられません。そうなると、親の土地を特例なしに相続することになります。

二世帯住宅を建てるときには、相続も見据えて有利な方法を税理士などに相談するといいでしょう。

**将来は他人に貸せる建て方をしよう**

親子で住んでいる家が古くなったら、二世帯住宅にすると、老後の安定収入につながるかもしれません。

以前の法律では、二世帯住宅は家の中で1か所、それぞれの世帯が行き来できる場所が必要などさまざまな規定がありましたが、現在では、**アパートの1階と2階のように完全に分離している構造でも「小規模宅地の特例」を使えます**。

ですから、もし親が他界してしまったら、あいた部屋をアパートのように他人に貸して、そこから収入を得るということも可能です。

「小規模宅地の特例」を使えるのは、故人が亡くなる前に住んでいた家などです。

では、もし故人が高齢者施設などに入居していて、そこで亡くなったら、どうなるでしょうか？

２０１４年からは、要介護認定を受けていたなどいくつかの要件を満たせば、故人が高齢者施設などに入居していた場合でも、「小規模宅地の特例」対象となっています。施設に入居したときには要介護認定ではなくても、亡くなったときに要介護認定になっていれば対象となります。

親が存命のうちに、どうすればお互いに幸せに暮らせるか、相続のことも含めて考えておいたほうがいいでしょう。

## 親の銀行口座は郵便物やカレンダーで把握する

親の財産のことは、親が健在なうちは、なかなか聞くことが難しいと思います。最後まで頭脳明晰《めいせき》なままの人もいますが、多くは歳をとるほど記憶力が衰え、しかも猜疑《さいぎ》心が強くなる傾向があるからです。下手にお金のことを切り出すと、「財産を狙っている」と疑われかねません。

ただ、本人が家の権利書や預金通帳などを隠したまま、認知症などになって忘れてしまったら、もはや知る手立てもなくなってしまうおそれがあります。

こうした状況に対して、全国銀行協会（以下、全銀協）は、意思確認ができない対象者の預金を、子供など親族が引き出す際の指針を発表しました。

これまでは、預金が凍結されると、子供といえども出金などはできませんでした。暗証番号がわかれば、本人のキャッシュカードで引き出しはできますが、カードの紛失・

磁気不良など再発行が必要なときや高額を窓口で出金するときなどは、厳しいチェックが入りました。

現在は、預金者本人との面談や診断書などを通じて意思確認ができないと判断され、かつ預金が医療費や介護施設費など本人のために使われる場合には、お金を引き出せる銀行が増えました。

## 親の財産は銀行の貸金庫にまとめる

親が元気なうちに、打てる手は打っておきたいものです。

たとえば、判断能力に問題がなければ、入院などで本人が動けなくなる事態に備えて、多くの銀行が「代理人キャッシュカード」を発行しています。預金者本人が手続きすれば、親族は代理人専用のカードが持てるので、本人の介護費用を引き出すことができます。

また、「代理人指名」を本人から受けることで、代理人が窓口で入出金できる銀行もあります。条件などは銀行によって違いますので、各銀行に確認してください。

ただ、親の財産は、預金だけとは限りません。人にもよりますが、生命保険や住居、田畑などさまざま。なかには、金《きん》の延べ棒などもあるかもしれません。

こうしたものを、押入れや引き出し、畳の下などあらゆるところに隠されてしまうと、全体の把握も困難です。とはいっても、正面から聞くと、「財産のことを知りたがっている」と、いやがる親もいることでしょう。

万一の事態に備えて、「エンディングノート」に財産の詳細について記入を頼んでも、これもまた親によっては〝財産めあて〟と疑うかもしれません。

そういう場合は、銀行などの貸金庫を借りるのも手です。

「大切なものを家に置いておくと、強盗が入って盗まれてしまうかもしれない。財産だけならいいけど、命も危ないから、大切なものはここに入れておいたほうがいい」と貸金庫の鍵を渡し、「貸金庫代は出すから」と安心させれば、おそらく家の権利書や生命保険証書など大切なものは、貸金庫に保管するようになるでしょう。
貸金庫の代金は、年間1万5000円程度。最近は、ゴミの山の中から大金が出てくるということが相次いでいますが、ゴミと一緒に親の財産が捨てられてしまうと思えば、安い出費でしょう。

## 銀行の「名寄せ」で故人の通帳を見つける

もし、財産の所在がわからないまま、本人が他界してしまったら、どうすればいいのでしょうか。

遺言がなく、預金通帳もあるのかどうかわからないときには、故人あての郵便物や壁に貼ってあるカレンダーなどから、付き合いのありそうな金融機関を特定しましょう。クレジットカードや通信販売の利用明細でも、引き落とし銀行がわかる可能性があります。

引き落とし銀行の見当がついたら、「名寄《なよ》せ」(預金者の保護対象金額の確定)という手続きをしてみましょう。故人と同じ名前のある口座の確認ができます。

自分で手続きするのが面倒だったら、弁護士などの専門家に「遺産分割協議書」の作成を依頼すれば、「名寄せ」をしてもらえます。

故人が通帳を残していた場合には、「預金残高証明書」「取引履歴」を発行してもらいましょう。これは、ほかの相続人の同意がなくてもできます。

株券については、証券会社からの郵便物があれば見当がつきます。ちなみに、株券はすべてが電子化されています。国債などの債券は、信託銀行などからの郵便物か通帳を探してみましょう。

## 残された不動産が判明しないときは

**どんな不動産が残されているのかは、土地の権利証（登記済証）を見ればわかります。**

2005年の法律改正で、土地の登記情報は法務省によって順次オンライン化されています。そして、「登記済権利証」の代わりに、「登記識別情報通知」という土地の権利証のコピーのようなものとなりました。

こうしたものが見つからなければ、毎年6月に市区町村や都税事務所から送られてくる「固定資産税納税通知書」がないか見てみましょう。親が他界して納税されていない場合には、督促状も来るはずです。


それでもわからなかったら、市区町村役場で「固定資産課税台帳」を調べるといいでしょう。課税の対象となっている固定資産（土地・家屋）を所有者ごとに一覧にまとめた「名寄帳《なよせちょう》」で、個人名義の不動産を確認できます。

土地の権利証は、紛失しても再発行してもらえません。紛失した場合は、オンライン庁（法務局）にある「登録識別情報（12ケタの番号）」で確認することができるでしょう。

## 50代は「ミドル」と「シニア」を使い分けよう

あなたがいま50代の方なら、「まだまだ自分はシニアではない」と思っていることでしょう。人生１００年時代では、マラソンでたとえたら50歳が折り返し地点ですから、スタミナは十分あります。一般的には「中高年」という場合、35～54歳までを「ミドル」で、55歳以上を「シニア」とするようです。

つまり50代は、「ミドル」と「シニア」の境目。ただ、世の中には「シニア」だとおトクなことがたくさん。そういうときは、ちゃっかり「シニア」になりましょう。

最近は、ネットフリックスなどで映画を観る人も多く、映画館に行く回数が減っているかもしれませんが、たまには夫婦で映画館というのもいいものです。

新型コロナウイルスの終息後になりますが、映画を観て食事して、ちょっと飲んで、手をつないで家に帰るというのも新鮮ではないでしょうか。

ＴＯＨＯシネマズやユナイテッド・シネマをはじめ、多くの映画館で、夫婦どちらかが50歳以上なら、通常は１人１８００円の映画料金が２人で２４００円になるサービスをしています。

また旅行でも、50歳以上だとおトクな企画がいろいろとあります。

たとえば、ＪＴＢの「るるぶトラベル」には、「50歳以上のおとな旅」というコーナーがあって、50歳以上限定の宿泊プランがたくさん用意されています。また、リクルートが運営する旅予約サイトの「じゃらん」でも、50歳以上限定の割引特典付き宿泊プランが多数用意されています。

ＪＲ東日本の「大人の休日倶楽部ミドル」は、男性が満50〜64歳、女性が満50〜59歳を対象に、ＪＲ東日本とＪＲ北海道の切符が何回でも５％割引になります。こうした特典がある会員制度は、ＪＲ東日本だけでなく、ＪＲ東海やＪＲ四国、ＪＲ九州にもあります。

投資の世界でも、50歳以上を優遇しているところがあります。

たとえば、auカブコム証券（旧カブドットコム証券）では、50歳以上60歳未満は現物株の売買手数料が2％割引になっています。60歳以上なら、4％割引になります。

自動車保険でも、40代、50代だと保険料が安くなる保険が出てきています。

SOMPOホールディングスの「おとなの自動車保険」は、40代、50代は自動車事故の事故率が低いので、ほかの年代に比べて保険料を安くしています。

しかも、対人賠償、対物賠償、無保険車傷害、人身傷害はセットになっていますが、車両保険、個人賠償責任、搭乗者傷害、弁護士費用など、そのほかの保障はネットから自分で選べるようになっているので、補償の内容と保険料を見比べて、納得感のある保険にすることができます。

買い物でも、「シニア」ならおトクなカードがあります。

たとえば、イオンには、55歳以上を対象にした「G・G WAON」カードというものがあって、毎月15日には買い物が5％引きになります。

イトーヨーカドーには、60歳以上が対象の「シニアナナコ」というカードがあって、毎月15日、25日にはイトーヨーカドーでの買い物が5％引きになります。

どちらのカードも一部対象外の商品があるので、くわしくは店で確認してください。

ほかに、携帯電話でも、「シニア」にはおトクがあります。

ソフトバンクのワイモバイルでは、60歳以上なら、無制限で国内通話かけ放題になる「スーパーだれとでも定額（S）」が月額1000円割引になるキャンペーンを2021年2月18日から始めましたし、KDDIも、一定条件を満たせば60歳以上で月額1000円が割引になる「新カケホ割60」キャンペーンをやっています。

これらは一例ですので、50代では、状況によって「ミドル」と「シニア」を賢く使い分けるのはいかがでしょうか。

## おトクな「にわか農業」で、心と身体をリフレッシュ

コロナ禍で「おうち時間」が増え、家庭生活を豊かにしたいという人に「家庭菜園」が大人気となっています。

買うと高いハーブ類。けれど、ホームセンターなら鉢植えで100～200円で買えて、料理に添えるだけで見た目が華やかになり、切ってもまた生えてきます。しかも食卓に置いておくだけで、観葉植物代わりに癒やしを与えてくれます。

もっと節約したければ、鉢植えでなく種子だけ買えば、カップ麺などの空き容器の下に穴をあけ、水用の受け皿を付けて手軽に栽培することもできます。

窓や縁側の前にヘチマやゴーヤなどの種をまき、上に這《は》わせておけば、夏の日差しを遮る〝緑のカーテン〟になるだけでなく、ゴーヤなどはご近所に配れるほどたくさん実がなります。

最近は、建物を緑化すると、補助金が出る自治体も増えています。たとえば、東京都世田谷区では、屋上・壁面緑化助成制度があって、屋上や壁面を緑化すると、1平方メートルあたり1万~2万円、上限50万円まで助成してくれます。

仙台市、横浜市、金沢市、名古屋市など、多くの自治体が緑化助成を行っているので、自分が住んでいるところで申請できないか見てみましょう。

## 年間1万円未満の「市民農園」がおすすめ

家庭でプチ栽培もいいですが、もっと本腰を入れて野菜づくりをしてみたいという人には、「市民農園」の利用がおすすめです。

農業の後継者が減っていて、自前で耕すことが難しくなり、市民農園として貸し出す人が増えているからです。

市民農園は、2003年の「特定農地貸付法」の改正で、農地を所有している人だけでなく、NPO法人や企業など農地を所有していない人であっても開設できるようになりました。

さらに、2018年には、都市にある農地の有効活用を目的とした「都市農地賃借法」が制定されて、市民農園開設のための農地が借りやすい仕組みもできました。

こうした農地が、市民農園として貸し出されています。利用料は、年間5000円未満が約5割で、5000～1万円が約3割と、かなりお手軽でしょう。

知人が東京都練馬区で「農業体験農園」を借りていたので、一緒に収穫させてもらいましたが、30㎡で年間3万8000円（区内在住者料金）。料金はちょっと高めですが、この費用のなかには、種代、肥料代、用具代、指導料まで含まれています。

これで、年間に20種類以上90キロほどの野菜を収穫できるので、家だけでは食べきれず、ご近所に分けて喜ばれているとのことでした。

## 「滞在型市民農園」でレジャーを兼ねた収穫を

最近は、レジャーを兼ねた「滞在型市民農園」も人気となっています。

農園に、宿泊可能な小屋が付いているもので、都市部から100キロ圏内に立地しているものなら、施設面の賃料は、農園面積30坪、小屋面積約12坪で年間約40万円というのが平均です。

週末に、食料やワインなどを買い込んでやってきて、泊まりがけで野菜の世話をしながらのんびり滞在するという人が多く、会社や取引先との人間関係で神経をすり減らしている会社員にとって癒やしにもなるようです。

農業従事者は、ほかの仕事に従事している人よりも長生きするというデータもあります。心の洗濯をしながら収穫の喜びも味わえたら、一石二鳥ではないでしょうか。

編集協力　石塚理恵子
図版作成　手塚貴子
校閲　鈴木由香
DTP　佐藤裕久

荻原博子 おぎわら・ひろこ
1954年、長野県生まれ。経済ジャーナリスト。
経済とお金の仕組みを生活に結びつけて
解説する家計経済の第一人者として活躍。
著書に『年金だけでも暮らせます』(PHP新書)、
『払ってはいけない』(新潮新書)、
『役所は教えてくれない 定年前後「お金」の裏ワザ』(SB新書)、
『最強の相続』(文春新書)など多数。

NHK出版新書 660

50代で決める! 最強の「お金」戦略

2021年8月10日　第1刷発行

著者 荻原博子 ©2021 Ogiwara Hiroko

発行者 土井成紀

発行所 NHK出版
〒150-8081 東京都渋谷区宇田川町41-1
電話 (0570) 009-321(問い合わせ) (0570) 000-321(注文)
https://www.nhk-book.co.jp (ホームページ)
振替 00110-1-49701

ブックデザイン albireo

印刷 新藤慶昌堂・近代美術

製本 藤田製本


Printed in Japan ISBN978-4-14-088660-1 C0233

## NHK出版新書好評既刊

あの人はなぜ定年後も会社に来るのか
中島美鈴
会社という居場所を失ったとき、なぜ男性は老後の時間を有効に使えないのか？ 認知行動療法のプロが語る、不安の正体と孤独との対峙法。
644

マルクス・ガブリエル
新時代に生きる「道徳哲学」
丸山俊一＋NHK「欲望の時代の哲学」制作班
大反響番組「コロナ時代の精神のワクチン」を書籍化！ コロナ時代にこそ可能な「自由」とは？ 対話形式で平易に説く、ガブリエルの哲学教室。
645

カラスをだます
塚原直樹
カラス語の理解者にして全国から引っ張りだこのカラス対策専門ベンチャー創業者が、カラスを調べ、追い払い、食べながら、共存の方法を探求する。
646

大河ドラマの黄金時代
春日太一
『花の生涯』から『黄金の日日』『独眼竜政宗』『太平記』まで。プロデューサー、ディレクターたちの貴重な証言を織り込み、「黄金時代」の舞台裏に迫る。
647

アドラー
性格を変える心理学
岸見一郎
世の中には「性格は生まれつき」と考えて、あきらめてしまう人が少なくない。『嫌われる勇気』の著者が、アドラー心理学を軸に、性格の常識を覆す。
648

「超」英語独学法
野口悠紀雄
リスニング練習から暗記術、AI活用法まで。専門家同士のやりとりや英文読解、会議での討論、メール作成などに役立つ超合理的勉強法！
649

## NHK出版新書好評既刊

**おとなの教養3**
私たちは、どんな未来を生きるのか?
池上 彰
気候変動、データ経済とDX、ポスト資本主義など。喫緊の6テーマを歴史や科学、経済学の教養にもとづき講義形式で解説するシリーズ第3弾!
650

**異形のものたち**
絵画のなかの「怪」を読む
中野京子
人獣、妖精、悪魔と天使、異様な建造物から魑魅魍魎まで。「異形」の名画が描かれ支持されてきたのはなぜか。語られざる歴史と人間心理を読む。
651

**新世紀のコミュニズムへ**
資本主義の内からの脱出
大澤真幸
資本主義を超える。それは、いかにして可能なのか? 持続可能な未来に向けた真の課題とは何か? パンデミック後の思想的課題に鋭く迫る!
652

**「現金給付」の経済学**
反緊縮で日本はよみがえる
井上智洋
現金をばらまき、インフレ好況をつくり出せ!日本経済の停滞を打ち破る、金融緩和でも構造改革でもない「ラディカルな解決策」を提唱する一冊。
653

**新・いのちを守る気象情報**
斉田季実治
激甚化する自然災害にどう備えるか。人気の気象キャスターが、気象情報の読み方と防災知識を徹底解説。前著の情報を更新した改訂最新版!
654

**宗教の本性**
誰が「私」を救うのか
佐々木 閑
科学にも通じる仏教学者が、一神教、多神教、二元論宗教、イデオロギーまで、「なぜ人間は宗教なしで生きられないのか」を解き明かす、究極の宗教論。
656

## NHK出版新書好評既刊

### 子どもの目が危ない
「超近視時代」に視力をどう守るか

大石寛人
NHKスペシャル取材班

スマホやタブレットの使用、ゲームのやり過ぎが、子どもの深刻な近視を引き起こしている。科学的根拠のある治療法を徹底取材をもとに紹介する。

657

### サボる哲学
労働の未来から逃散せよ

栗原 康

「はたらかざるもの食うべからず」。そんな世界は正常か？ 気鋭のアナキスト文人が資本主義下の労働倫理を解体し、そこから逃亡する道を拓く！

658

### 太平洋戦争への道 1931-1941

半藤一利
加藤陽子
保阪正康［編著］

昭和史研究のスペシャリストが集結して話題を呼んだNHKラジオ番組の書籍化。昭和日本が犯した「最大の失敗」から、令和日本が進む道を提言する。

659

### デジタル・ファシズム
日本の資産と主権が消える

堤 未果

行政、金融、教育――日本の公共システムが、米中巨大資本に食われる！ 気鋭のジャーナリストが明かす「日本デジタル化計画」驚愕の事実。

655

### 50代で決める！最強の「お金」戦略

荻原博子

50歳からの賢い働き方、トクする保険・年金の活用術、年金だけで暮らせる家計づくりのコツなど、家計経済の第一人者が最新「裏ワザ」を徹底指南！

660